RYAN
A RONNIE

RYAN
A RONNIE

HYWEL GWYNFRYN

Gomer

I Anja – fy nghraig

Cyhoeddwyd yn 2013 gan
Wasg Gomer, Llandysul, Ceredigion SA44 4JL
www.gomer.co.uk

Adargraffwyd 2013

ISBN 978 1 84851 432 4

Cyhoeddir gyda chymorth ariannol
Cyngor Llyfrau Cymru.

Argraffwyd a rhwymwyd yng Nghymru gan
Wasg Gomer, Llandysul, Ceredigion.

Cynnwys

Rhagair   7

Dechrau yn y diwedd   9

Mab 'Mountain View'   11

Pact owt   22

Anturiaethau *Hut* 159   32

Impressario'r dyffryn   40

Cymry Llundain   52

'Discs at Dawn'   65

Eisteddfod y cariad rhad   71

Y ddau'n ddeuawd   81

Proffesiynoli'r Noson Lawen   88

Fi a 'mhartner . . .   96

Cynllwynio yn Llareggub   105

Fo a Fe . . . a fe   114

Sammy Davies Jnr Cymru   120

Dechrau'r diwedd i Ronnie   127

Yn y Grand – ac yn y gro   133

Galar cenedl   138

Ysbrydion Ronnie   143

Yn ôl i'r cwm   149

Disgwyl Godot – a'r diwedd   154

Dod i'r Dead Stop   163

Truenus, unig ac euog   167

Dros y bont, yn ôl i'r llyn   173

Rhagair

'Beth am ragair byr i gofiant Hywel Gwynfryn i Ryan a Ronnie?'
Felly y daeth y gwahoddiad caredig drwy glust y ffôn. Gwyddwn
fod y gyfrol ar ei ffordd; roedd yr awdur a minnau'n hen lawiau.

Cwrddais ag o yn llanc ifanc am y tro cyntaf yn haf 1960.
Canu a chwarae sgetsus gyda'i gyfaill Derek Boote ar lwyfan
Ysgol Gyfun Llangefni yr oedd ar y pryd, mewn cyngerdd ysgol
pentymor, a'u golwg, os cofiaf yn iawn, ar fynd yn fyfyrwyr i
Goleg Cerdd a Drama Cymru, Caerdydd. Roedd yr addewid
ynddynt yn amlwg.

Erbyn Chwefror 1964 roedd BBC Cymru'n darlledu ar ei
thonfedd deledu ei hun, gyda'r bwriad gwreiddiol o gynhyrchu
saith awr yr wythnos o raglenni Cymraeg a phump awr o rai
Saesneg (targed nas cyrhaeddwyd hyd 1972, gyda llaw). Gwelem
yn yr Adran Adloniant newydd mai amhosibl fyddai cynhyrchu
rhaglenni o ansawdd da heb inni yr un pryd ddatblygu cnewllyn
o berfformwyr proffesiynol a fyddai ar gael i ymarfer a chyflwyno
rhaglenni ar oriau gwaith penodol ar unrhyw ddiwrnod o'r
wythnos. Ryan oedd y cyntaf i arwyddo cytundeb perfformiwr
o'r fath yn 1965. Ronnie oedd yr ail.

Yn dilyn hynny, gyda'u bod yn digwydd ymddangos mewn
ambell raglen achlysurol, dilynent eu gyrfaoedd ar wahân. Gydol
y cyfnod gweddol gynnar hwn yn hanes y gwasanaeth newydd
awchai Pennaeth yr Adran Adloniant am weld 'Act Ddeuol
Ddigrif' yn dod yn rhan ohoni. Roedd ganddo ddau ddigrifwr
mewn golwg. Aeth â braslun o raglen brawf at y Pennaeth
Rhaglenni, Aneurin Talfan Davies, a'i dîm, a chafodd ganiatâd i
fwrw iddi â'r prawf.

Rhoed enw prawf i'r rhaglen *Ryan, Ronnie, Gill a Johnny* (sef Gillian Thomas a Johnny Tudor) a gosodwyd David Richards yn Gyfarwyddwr arni. O fewn ychydig wythnosau roedd yn ddiogel ar fideo, wedi ei gweld gan y bobl oedd yn cyfrif a'i chael yn dderbyniol.

O'r ffynnon fechan honno y llifodd cyfresi niferus o *Ryan a Ronnie*.

Dr Meredydd Evans

Hydref 2013

Dechrau yn y diwedd

Chwarter i hanner nos ar yr unfed ar hugain o Ragfyr, 1997, ac mae dau blisman yn holi perchennog car ar Bont Aberteifi. Tuag atynt o gyfeiriad Stryd Morgan, daw gŵr gwyllt yr olwg. Mae'n ansicr ei gerddediad ac yn pwyso'n drwm ar ei ffon. Ddeng munud yn ddiweddarach, ar ôl iddyn nhw orffen eu hymholiadau, mae'r ddau blisman yn cerdded yn eu blaenau. Mae'r gŵr yn dal yno, yn syllu ar eu holau, yn disgwyl iddynt ddiflannu.

Yna mae'n troi ac yn cerdded yn araf i lawr at y bont, i gyfeiriad yr afon. Mae o wedi dod i'r lle hwn o'r blaen, sawl gwaith, ond wedi newid ei feddwl bob tro. Heno, does dim troi'n ôl i fod. Mae'r penderfyniad terfynol wedi'i wneud. Mae'n gosod ei ffon i bwyso ar y bont. Mae'r daith a gychwynnodd yng Nghefneithin hanner cant ac wyth o flynyddoedd yn ôl ar fin dod i ben. Sylla'r dyn unwaith eto ar yr afon. Mae'r llif yn uchel. Llai o ffordd i ddisgyn i'r dŵr islaw, y dŵr sy'n aros i'w gofleidio.

Dros y Nadolig fe fydd trigolion Aberteifi a phentrefi ledled Cymru wedi cael cyfle i chwerthin a mwynhau wrth wylio un o raglenni Ryan Davies ar y teledu a phennod wedi'i recordio o *Licyris Olsorts* gyda Ronnie Williams fel Dan Bach y Blagard. Ond wrth wylio gyda'u Babycham a'u Quality Street, does neb o gynulleidfa'r bocs yn sylweddoli fod yr afon wedi cadw'i chyfrinach. Do, cadwodd ei chyfrinach a gwarchod corff Ronnie am saith niwrnod, cyn iddo gael ei ddarganfod, ddeuddydd ar ôl y Nadolig, pan ddaeth y daith hir o Gefneithin i ben, ar y creigiau yn Llandudoch.

Mab 'Mountain View'

'Odd 'da Mam-gu *ranch* ar ochor y Mynydd Du...'
(Y gynulleidfa'n chwerthin; Ryan yn ailfeddwl.)
'... Na... na... mwy o ffarm, a gweud y gwir.'
(Chwerthin eto.)
'Dyw hynny ddim yn wir chwaith... *Smallholding* oedd e...'
(Mwy o chwerthin. Aros am eiliad.)
'Bwthyn oedd e a gweud y gwir...'
(oedi)
'... gyda dwy iâr a hwch.'
(Chwerthin afreolus.)

Yn reddfol, ac o hir brofiad, fe wyddai Ryan Davies fod *dwy iâr a hwch* yn fwy doniol o lawer na *dwy ddafad a buwch*, neu hyd yn oed *ddau fochyn a cheiliog*. Wedi'r cwbwl, roedd o'n hanu o deulu talentog Robertiaid y Mountain. Yn Mountain View, Glanaman, y ganwyd ei fam-gu, a Nans ei fam. Enillodd ei dad-cu John Roberts, neu John Roberts 'Radroddwr fel y gelwid ef, brif gystadleuaeth i adroddwyr yn Eisteddfod Abertawe 1907 ac Eisteddfod Caerfyrddin 1911. Ac i'r llinach hwnnw y ganwyd Thomas Ryan Davies, ar yr ail ar hugain o Ionawr, 1937. Thomas oedd enw canol ei dad, William Davies, brodor o Dir-y-dail, Rhydaman: glöwr o raid, pysgotwr o ddewis. Ar ôl ceibio'r glo yn ei gwman yn aml, rhaid bod cerdded glannau Cothi a Thywi, wrth geisio perswadio pysgodyn neu ddau i gymryd y bachyn ar ddiwrnod braf, yn nefoedd ar y ddaear ar ôl dioddef uffern ddyddiol dilyn 'y du faen dan lwyd fynydd'. Pwysleisiodd Ryan, mewn cyfweliad flynyddoedd yn ddiweddarach gyda Pat Searle, colofnydd pysgota'r *Western Mail*, fod ei dad, er yn bysgotwr brwd, yn gredwr cryf hefyd mewn cadwraeth bywyd, ac o'r herwydd yn trin y pysgod 'fel pe baent yn llestri Dresden prin', gan eu dychwelyd i'r afon ar ôl eu dal. Y pysgota oedd yn bwysig i William Davies, nid y pysgod. Er i'w dad adael ei offer pysgota i Ryan, yr unig fan y bu'r mab yn pysgota oedd ar y sgrin yn un o'i gyfresi teledu.

> *Ryan yn eistedd yng nghanol cae, wedi ei wisgo fel pysgotwr*
> *– ac yn pysgota. Daw'r actores Marged Esli heibio.*
> Marged: Pysgota ydach chi?
> Ryan: Ie.
> Marged: Ond fedra i ddim gweld dŵr yn nunlle. Faint ydach chi wedi'u dal?
> Ryan: Chi yw'r pumed.

Cerddoriaeth oedd cariad cyntaf William Davies. Roedd yn arweinydd côr ac yn canu'r organ yng nghapel y Nant, a gallai wneud hynny'n fyrfyfyr yn ogystal â thrwy 'ddarllen y copi'. Fel y tad, felly'r mab: fe allai Ryan hefyd eistedd i lawr wrth y piano a chwarae o'r glust.

> Fi'n 'whare 'da'r glust, Ron.
> Wyt ti, Ryan?
> Odw.
> Ody e'n anodd, Ry?
> Nag yw, Ron, ond fi'n cal yffach o ben tost bob tro ma nghlust i'n bwrw'r node...

Weithiau, ar ôl noson lawen mewn neuadd, byddai Ryan yn mynd i dafarn gyfagos a chyn pen dim, byddai wedi eistedd wrth y piano a dechrau chwarae cân. Unrhyw gân, mewn unrhyw arddull. 'Sosban Fach', er enghraifft. Dechrau'n araf a gorddramatig. Oedi ar ôl y pennill cyntaf a'r gytgan, cyn parhau i chwarae'r alaw yn arddull Mozart, Bach, Beethoven neu Tchaikovsky. Mae 'na stori yn cael ei hadrodd am y Ryan ifanc yn dweud wrth ei dad, oedd newydd ddod adre o'r rhyfel, ei fod wedi bod yn cael gwersi ac yn awyddus i berfformio darn ar y piano er mwyn i'w dad gael ei glywed. Wrth wrando arno, sylweddolodd ei dad fod Ryan yn ychwanegu cymalau cerddorol o'i waith ei hun yma ac acw, wrth iddo chwarae'r darn.

Ar ôl blynyddoedd o ymarfer, llwyddodd Ryan i gyflawni camp gerddorol na allai Les Dawson, y meistr ei hun, hyd yn oed, ddim gwella arni, sef canu'r piano gydag arddeliad, ond yn hollol allan o diwn, a hynny'n fwriadol.

Aelod arall o deulu talentog y Robertiaid oedd chwaer Nans, a modryb i Ryan, sef Peggy Wheelhouse – adroddwraig, beirniad a chymeriad. Cadwai siop ar sgwâr pentre'r Betws, lle ganwyd Ysgrifennydd Gwladol cynta Cymru, Jim Griffiths AS. Roedd y siop honno, yn ôl T. J. Davies yn gwerthu popeth:

> ... o lygaid dolis i hoelion coffinau. Ac yng nghanol y licris olsorts a'r siocled, ynghanol y baco a'r lasys sgidie, roedd toreth o lyfre Cymraeg. Roedd ganddi enaid Cymrâg. Caru llyfre, caru barddoniaeth, caru adrodd.

A charu ennill hefyd – does dim amheuaeth mai'i huchafbwynt oedd cipio'r Rhuban Glas i adroddwyr yn Eisteddfod y Bala, 1967. Mae 'na siawns go lew fod Anti Peggy wedi gweld Ryan bach yn perfformio'n gyhoeddus gyda Ronnie am y tro cynta, gan mai yn y Bala yn 1967 y digwyddodd hynny hefyd.

Actio a chanu oedd doniau amlwg Wncwl Ifor, brawd bach

mam Ryan yn ogystal. Roedd yn aelod amlwg o Gymdeithas Operatig Cwmaman, ac fel arfer ef fyddai'n cael y brif ran.

Yn ystod blynyddoedd cynnar Ryan, doedd 'na ddim prinder hyfforddwyr ymroddedig yn yr ardal i ddysgu'r plant i ganu, actio, dawnsio, ysgrifennu, a chanu offerynnau cerddorol. Byddai Cwmnïau Opera'r Garnant, Gwauncaegurwen, Brynaman a Chwmllynfell yn perfformio am bedair noson bob blwyddyn i neuaddau gorlawn, ac fe gynhyrchodd Wncwl Ifor sawl un o'r operâu hynny. Os oeddech chi yn y gynulleidfa yn Neuadd Fawr Brynaman ar y nos Iau ar gyfer yr eisteddfod leol, yna gallech ddisgwyl bod yno tan oriau mân bore Sul, yn gwrando ar chwech o gapeli'n cystadlu.

Fel arfer os oedd Wncwl Ifor yn cynhyrchu, byddai'n sicrhau fod tocynnau am ddim ar gael i'r teulu, ond yn ôl un stori, roedd y tocynnau i weld cynhyrchiad Wncwl Ifor o *King's Rhapsody*, gan Ivor Novello, mor ddrud fel nad oedd yr un tocyn am ddim ar gael.

'Odych chi'n gwybod faint ma'r sioe 'ma'n gosti? Weda i wrthoch chi. *A thousand pounds… a thousand pounds!*'

Roedd *thousand pounds* yn Saesneg yn fwy o lawer na mil o bunnau yn Gymraeg. A bu'n rhaid talu am y tocynnau.

'Y rhai olaf a fyddant flaenaf' ac, yn ôl Ryan, ceffyl blaen y teulu oedd Wncwl Morgan, sef Morgan Rhys Roberts. Enillodd ar y Prif Adroddiad yn Eisteddfod Abertawe 1926 ac ymhen deng mlynedd, ef oedd actor gorau'r Ŵyl yn Eisteddfod Genedlaethol Cymru, Abergwaun. Yn wir, fe gydnabu'r BBC ei dalent, drwy gynnig cytundeb actio iddo. Meddai Ryan am ei Wncwl Morgan:

Roedd ewythr i mi, brawd Mam, yn gymeriad ar ei ben ei hun, yn adroddwr, ac wedi ennill yn y Genedlaethol, ac yn actiwr. I'r cymeriad yma yn y teulu rydw i debyca. Mae e wedi bod yn ddylanwad mawr arna i.

Yn ôl y sôn, Morgan Rhys Roberts oedd y cynta i gael cytundeb actio gan y BBC. Ddeng mlynedd ar hugain yn ddiweddarach, fe roddwyd cytundeb llawn-amser gan Adran Adloniant Ysgafn y BBC, o dan arweiniad Meredydd Evans, i Ryan – y cytundeb cynta o'i fath yn hanes darlledu yn y Gymraeg.

Does dim amheuaeth nad oedd dylanwad y teulu'n drwm ar Ryan ac, yng ngeiriau Jennie Eirian, wrth dalu teyrnged iddo pan fu farw yn 1977:

> Dolen mewn cadwyn werthfawr oedd Ryan, ac mae'n hanfodol cadw cydiad y dolennau'n gadarn. Oherwydd daliad diogel y dolennau yn ei gilydd sy'n rhoi nerth i fywyd cenedl.

Ond roedd Ifor Rees, a fu'n cynhyrchu Ryan, a Ronnie hefyd, pan oedden nhw'n ddau fachgen ifanc, am fynd gam ymhellach:

> Yn ddi-ddadl, Ryan Davies oedd y diddanwr a'r actor mwyaf a welodd Cymru'r ugeinfed ganrif. Mae'n bwysig cofio fod Ryan yn gyfuniad o draddodiadau'r 'pethe' Cymraeg, ynghyd â byd adloniant soffistigedig cyfoes, a'r ffaith iddo gael ei fagu mewn awyrgylch ddwyieithog, nid uniaith Gymraeg, oedd yn cyfrif am arbenigrwydd ei gyfraniad anferth i Gymru. Medrai fod mor gartrefol ymhlith gwerin Gymraeg mewn festri capel ag ydoedd yng nghwmni mynychwyr di-Gymraeg y clybiau nos a'r theatrau dinesig. Cyfrannodd yn helaeth i'r diddanwch Eingl-gymreig, heb dynnu dim oddi ar urddas a dilysrwydd ei Gymreictod.

Mae'r frawddeg o dan benddelw o Ryan yng nghyntedd y BBC yn ategu sylwadau Ivor Rees. Ryan sydd biau'r geiriau: '*Laughter is the same in both languages.*'

Fe glywodd Ryan sŵn chwerthin a churo dwylo cynulleidfa'n gynnar iawn, a hynny mewn tafarn. Tua chanllath i lawr y ffordd o'i gartref yn Mountain View, ar dop Hewl Tircoed yng Nglanaman, roedd tafarn yr Angel. Ac fe fyddai Ryan, yn ôl yr hanes, yn cerdded i mewn i'r dafarn, yn sefyll ar un o'r byrddau ac yn canu i'r dynion yn y bar am geiniogau, tra byddai ei fam a'i Anti Ann yn y Cwrdd Gweddi. Ond heb os Ysgoldy Pentwyn, nid nepell o'r Angel, lle cynhelid yr Ysgol Sul a'r cyfarfod canol wythnos, oedd llwyfan mawr cyntaf Ryan. Byddai hefyd yn perfformio ym mhulpud Capel Mawr Bryn Seion, Glanaman, ac roedd Nans yn falch iawn, iawn o ddweud wrth unrhyw un mai hi oedd mam Ryan: 'Fel un o deulu oedd yn feunyddiol ar ben bocs, neu lwyfan,' meddai hi, 'does dim rhyfedd iddo ddatblygu i fod yn hoff o berfformio.' Roedd Nans hithau hefyd yn medru canu ac yn aelod o gôr William Evans. Gadawodd yr ysgol yn bedair ar ddeg oed, a mynd i Wyrcws Ffair-fach i ddifyrru pobl, cyn cael gwaith yn y Sewing Room, lle bu'n gweithio am bedair blynedd. Gallai droi ei llaw at wneud crysau a throwsusau o wlanen Gymreig i'r dynion, a ffrogiau gwlân i'r merched, o liwiau tywyll yn y gaeaf, a rhai ysgafn o gotwm gyda streipen wen, ar gyfer yr haf. Yn ddiweddarach fe fu'n gofalu am gartre plant yn Nantgaredig am gyfnod, ac ar ôl priodi 'Wili Tom', fe fu'r ddau yn *Matron* a *Master* nifer o gartrefi – yn Llangadog, Llanymddyfri, Felin-foel ac yn olaf yng nghartref y Dolydd, Llanfyllin, neu'r Union Workhouse fel yr adwaenid ef yn lleol. Adeilad oer, llwydaidd, Fictoraidd ei bensaernïaeth a digroeso'r olwg oedd y Dolydd, yn debycach i garchar nag i gartre ac mor wahanol i Mountain View, Glanaman lle treuliodd Ryan ddeng mlynedd cynta'i oes.

Wrth edrych ar luniau o'r wyrcws, mae rhywun yn cael ei atgoffa o adeilad yn un o nofelau Charles Dickens. Yn wir, pe bai Magwitch neu Fagin wedi cerdded heibio a gofyn 'What's your name boy?' fyddech chi ddim wedi synnu, yn enwedig o gofio fod ambell i hen grwydryn gwyllt yr olwg yn cael lloches yn y Dolydd dros nos a chyn gadael y diwrnod canlynol, yn gorfod malu cerrig i dalu am ei fwyd. Iago'r cerddor, Mr Hughes-oedd-byth-yn-gwisgo-crys, a Mr Cochyn – byddent i gyd yn galw heibio'r cartref yn eu tro.

Uwchben y Dolydd roedd Brynffynnon, cartre David Williams. Roedd ef yn cofio gweld nifer o'r cymeriadau lliwgar yn mynd a dod, yn enwedig Bobbie Burns, oedd yn medru cerfio modelau cywrain o longau allan o bren a phapur arian, er gwaetha'r ffaith mai un llygad oedd ganddo. Daeth David a Ryan yn dipyn o ffrindiau ac mae o'n cofio'r hwyl diniwed a gaent yn chwarae pob math o gemau gyda'i gilydd gan gynnwys *'ghosts'*. Gerllaw'r Dolydd roedd mynwent, lle byddai David a Ryan yn cuddio tu ôl i'r cerrig beddi, wedi'u gwisgo mewn cynfas wen bob un, ac yna'n neidio allan a dychryn y plant ar eu ffordd o'r ysgol. Os oedd hi'n glawio, byddent yn chwarae efo'r Hornby Train Layout yn y Dolydd, yna allan â nhw, ar ôl i'r glaw beidio i hela cwningod neu i chwilio am nythod adar neu i bysgota. Roedd dull Ryan a'i ffrind o ddal pysgod yn dra gwahanol i ddull ei dad, ac, yn wir, yn beryglus o beryglus. Byddai David yn rhoi lwmp o *carbide* efo twll ynddo tu mewn i hen dun syrop, yn ei daflu i mewn i'r pwll yn yr afon ac yna'n aros am y ffrwydrad. Cyntefig efallai ond, yn ôl nifer y pysgod marw ar wyneb y pwll yn dilyn y ffrwydrad, gweddol effeithiol.

Mae Eiry Palfrey, a oedd yn ferch ifanc wyth oed yn byw yn Llanfyllin ar y pryd, yn cofio Ryan fel 'hogyn hyderus efo llond ceg o Gymraeg'.

Hyder, steil a thalent gynhenid. Eisoes, roedd gan y Ryan ifanc yr holl rinweddau angenrheidiol i fod yr hyn a fu, sef un o'r perfformwyr proffesiynol mwyaf amryddawn a welodd Cymru erioed. Chwibanu a dynwared adar, canu'r delyn a'r piano, dawnsio, actio – roedd Ryan hyd yn oed bryd hynny'n ddiddanwr o'i gorun i'w sawdl ac, wrth gwrs, roedd ganddo gynulleidfa barod yn y Dolydd. Cafodd Ryan gyfle i actio, yn y ddwy iaith, pan aeth i Ysgol Uwchradd Llanfyllin, ac fe fu'n actio gyda'r cwmni drama amatur lleol, y Myllin Players, yn ogystal. Pan agorwyd adeilad newydd yn yr ysgol uwchradd, Ryan ganodd ran y tenor yn y seremoni agoriadol mewn perfformiad o'r 'Tymhorau' gan Haydn, gan rannu'r llwyfan gyda soprano ifanc a ddaeth yn gantores opera fyd-enwog – Elizabeth Vaughan, un arall o ddisgyblion disglair yr ysgol. Yn ogystal â pherfformio ar lwyfan, gwisgai Ryan jyrsi'r gôl-geidwad i dîm pêl-droed yr ysgol a thîm Llanfyllin, ac roedd hefyd yn fatiwr medrus i dîm Ysgolion Trefaldwyn, er gwaetha'r ffaith ei fod yn dioddef yn ddrwg o'r asthma, cyflwr a etifeddodd gan ei fam.

Oherwydd fod ei fam a'i dad yn brysur yn gofalu am y cartre, penderfynwyd ei anfon am gyfnod o *recuperation* i Lanaman ar ôl bowt go ddrwg o'r fogfa, er mwyn iddo gryfhau yng ngofal y teulu. Ac yn wir, fe gafodd groeso barddol yn ôl i'w ardal enedigol, gan Brinley, gŵr ei fodryb Muriel, a urddwyd yn Archdderwydd Cymru yn ddiweddarach.

Croeso i ti o Lanfyllin, lawr i ochor Mynydd Du,
Dyfod wyt i wella'th iechyd, dyna'r hanes glywais i.

Cofia fwyta bwyd yn gyson, cofia yfed llaeth a wŷ,
Cofia fynd i'r gwely'n gynnar, a phaid poeni dy fam-gu
[Mam-gu Rachel].

Cofia am lanhau dy sgidie cyn it ddyfod mewn i'r tŷ
Rhag i'th fodryb Ann ddywedyd 'Nid twlc mochyn yw'n tŷ ni!'

Mae 'na gyfle i ti wella, gelli ddod yn gawr o ddyn,
Cofia ufuddhau i'r driniaeth, wŷ a llaeth a Robelene.
Fe gei wobr am dy aberth, i'w thrysori'n llwyr i ti,
A phan fyddi'n ddyn fel minnau, cofia fy nghynghorion i:

Dyma i ti fy nghynghorion, ceisia'u cadw i gyd o'r bron
Ac os llwyddi, anfon lythyr, dwed wrth Nans a Willie Tom;

Hawdd o beth yw rhoi cynghorion, ac fe'u rhoddaf iti'n rhad;
Dyma'r olaf i ti Ryan – cofia barchu'th fam a'th dad.

Ond er gwaetha'r gofal a gafodd, a'r 'wŷ a'r llaeth a'r Robelene',
sef moddion at beswch a brest gaeth, bu'n rhaid i Ryan fyw gyda'r
cyflwr a'i effeithiau drwy gydol ei oes. Yn wir, y cyflwr fu'n
gyfrifol am ddwyn ei fywyd yn y pen draw, wedi iddo ddioddef
pwl arbennig o ddrwg o'r asthma pan oedd ar wyliau yn America
yn 1977, ac yntau ond yn ŵr ifanc deugain oed.

Ar ôl gwella a chryfhau, dychwelodd Ryan i Lanfyllin a chafodd
gyfle i fynd gyda pharti dawnsio'r ysgol i gystadlu yn Eisteddfod
Llangollen. Dawnsio yn ystod y dydd, a chanu mewn cyngerdd
gyda'r nos gyda Nansi Richards yn cyfeilio ar y delyn. Mewn
cyfweliad yn y 1970au mae'n hel atgofion am Nansi a dyddiau
cynnar y cystadlu eisteddfodol:

Y tro cyntaf i mi weld telyn oedd yn Eisteddfod Powys.
Ac o'r flwyddyn honno ymlaen, dyna fydde calendr
y flwyddyn i mi – yr Eisteddfod Gylch, Steddfod Sir,
Steddfod Genedlaethol yr Urdd a Steddfod Powys. Pan
oeddwn tua 15 oed mi ges i delyn yn anrheg oddi wrth fy
modryb a chael gwersi gan Nansi Richards. Mynd i fferm
Pen-y-bont-fawr ar ôl ysgol i gael te gyda Nansi, ac yna'r
wers. Ar ôl hanner awr, mi fyddai'r wers yn datblygu'n

noson lawen – Nansi'n canu'r delyn a minnau'n eistedd wrth y tân yn gwrando. Nhad yn galw amdana i tua wyth a'r ddau ohonom yn gadael am hanner nos! A fel'na y byddai hi bob tro. Dyma'r adeg hefyd y dechreuais i gymryd mwy o ddiddordeb mewn canu penillion. Rydw i'n cofio bod mewn un Eisteddfod, a Llwyd o'r Bryn yn arwain, ac yn gorfod galw fy enw nifer o weithiau gan fy mod yn cystadlu ar sawl cystadleuaeth. Yn y diwedd fe ddaeth â fi i flaen y llwyfan a rhoi ei fraich am fy ysgwydd a dweud wrth y gynulleidfa, 'Wyddoch chi be, mae'r hogyn Brian 'ma ar y llwyfan yn amlach na fi!'

Ond un o'r eisteddfodau pwysicaf yn hanes Ryan, er na wyddai hynny ar y pryd, oedd Eisteddfod yr Urdd, Llanrhaeadr-ym-Mochnant, 1947. Dyna pryd y gwelodd Ryan ferch leol, Irene Williams, merch Harri a Mary Williams – a'i ddarpar wraig – am y tro cyntaf. Mae'n debyg ei fod wedi'i 'ffansïo bryd hynny'!

Bedair blynedd yn ddiweddarach, yn yr Ysgol Uwchradd, roedden nhw'n gariadon. Mae Irene yn cofio Ryan yn yr ysgol fel bachgen oedd yn mwynhau chwaraeon a pherfformio ond 'ddim yn tynnu'r *stops* allan yn academaidd'. Doedd o ddim yn hoffi'r arholiadau, ac os byddai'n poeni amdanynt yna byddai hynny'n gwneud yr asthma yn waeth. Ond roedd Ryan yn ddigon gonest i gyfaddef: 'Pe bawn i'n gwybod y gwaith yn well, efallai na fyddai hynny ddim yn digwydd'. A phe bai o wedi treulio mwy o amser yn astudio a llai yn actio, canu, dawnsio a pherfformio, hwyrach y byddai wedi cael lle yn y Brifysgol, a hwyrach petai wedi mynd i lawr y llwybr academaidd hwnnw, wel... pwy a ŵyr beth fyddai wedi digwydd? Yn sicr, ni fyddai wedi mynd i'r Coleg Normal ym Mangor ym 1957, ac efallai y byddai hynny wedi newid cwrs ei fywyd yn gyfan gwbwl, oherwydd, yn ei eiriau ei hun,

Yno mewn gwirionedd yr oeddwn wedi aeddfedu ac,
yn bwysig iawn, roeddwn i'n cyfarfod pobol oedd
yn ymddiddori yn yr un pethe â mi – drama, canu,
cyfansoddi a nosweithiau llawen.

Ond cyn mynd i'r Normal, fe atebodd alwad y *'call-up'*, ac, ar
13 Medi , 1954, yn ddeunaw oed, ymunodd â'r Llu Awyr.

Pact owt

Mae'r golygfeydd o Lyn Llech Owain ar ddiwrnod braf o haf, tua'r de ar hyd Cwm Gwendraeth, i'r dwyrain i gyfeiriad Dyffryn Aman ac am y gogledd at Gastell Carreg Cennen, yn syfrdanol, a phan daenodd Lyn, gweddw Ronnie, lwch ei gŵr ar wyneb y llyn ar ôl ei angladd, roedd y weithred syml honno'n cwblhau taith bywyd Ronnie, drwy ei ddychwelyd at ei wreiddiau. Yn y llyn, ger tarddle afonydd Gwendraeth Fawr a Gwendraeth Fach, y byddai bechgyn pentre Cefneithin, a Ronnie yn eu plith, yn nofio, haf a gaeaf, er gwaethaf rhybuddion gan athrawon a theulu y gallai gwreiddiau lili'r dŵr, o'u cuddfan dan yr wyneb, gordeddu am eu coesau a'u tynnu i lawr i waelodion tywyll y llyn, lle roedd pob math o bysgod danheddog yn barod i larpio'u cyrff, a'u llyncu'n fyw. Roedd Ronnie'n nofiwr cryf ond, yn ôl Gwynhaf Davies, mab yr enwog Jac – un hanner Jac a Wil – doedd e ddim yn hoffi rygbi na phêl-droed, ac mae un o'i ffrindiau yn Ysgol y Gwendraeth yn cadarnhau hynny:

> Roedd Ron yn casáu mynd i'r *gym*, a doedd e ddim yn brin o esgusodion chwaith – cur pen, poene *appendicitis*, rhywbeth yn bod ar winedd 'i dra'd. Ar ddiwedd y tymor fe ysgrifennodd yr athro yn ei adroddiad: 'I am surprised that Ronnie, medically, survived the term.'

Pan fyddai'r plant yn mynd ati i greu llain griced ar draws y ffordd i'w gartre, doedd dim sicrwydd y byddai Ronnie'n ymuno â nhw. Er bod yn well ganddo griced na rygbi neu bêl-droed, byddai'n aml iawn yn gadael i'w ffrindiau daro'r bêl, tra byddai yntau'n cerdded ar ei ben ei hun o gwmpas y llecyn ar lan y llyn, gan ymarfer llinellau ar gyfer dramâu blynyddol Ysgol y Gwendraeth – *Macbeth* neu *Julius Caesar*. Hyd yn oed yn blentyn ysgol, roedd Ronnie â'i fryd ar fod yn actor. Mae'n cyfeirio mewn un cyfweliad at wersi ysbrydoledig ei athro Saesneg, 'Dai Sais': Ralph Davies, o Bontycymer. Agorodd yr athro ei lygaid i fawredd dramâu Shakespeare a barddoniaeth Dylan Thomas, ac yn aml gyda'r hwyr byddai gweddi Eli Jenkins i'w chlywed yn cael ei llafarganu, dan olau'r lloer, o gyfeiriad y llyn.

Mae gan Nigel Rees, ei ffrind ysgol, gof am fynd draw gyda ffrindiau eraill i dŷ Ronnie i ganu 'Kathy's Clown' a 'Dream', caneuon poblogaidd yr Everley Brothers, rownd y piano, gyda Ronnie'n cyfeilio. 'Roedd llais bach hyfryd 'da fe,' yn ôl Eryl Jones, un arall o ffrindiau ysgol Ronnie, oedd yn cofio mwy nag un perfformiad ganddo yn Church Hall Gors-las. Os oedd Tommy Scourfield neu Carwyn James, arweinwyr yr Aelwyd leol, yn chwilio am rywun i actio rhan mewn drama yn y Miners' Welfare yn Rhydaman, Ronnie fyddai'r cyntaf i godi'i law. Un flwyddyn fe gynhyrchwyd drama oedd yn adrodd y stori am Owain, un o farchogion sychedig Arthur, a ddaeth i ardal blaenau Gwendraeth. Tynnodd y llechen oddi ar wyneb y ffynnon i gael diod o ddŵr, ac yna syrthiodd i gysgu, heb roi'r llechen yn ei hôl. Fe orlifodd y ffynnon a boddi'r tir o amgylch gan ffurfio Llyn Llech Owain. A Ronnie gafodd ran y marchog cysglyd esgeulus.

Ar yr un adeg ag yr oedd yr actores Buddug Williams, Anti Marian *Pobol y Cwm*, yn serennu fel merch ifanc ddawnus yn yr Youth Club yng Nghefneithin, mae hi'n cofio Ronnie yn actio yn y fan honno hefyd. Ysgol, Aelwyd, clwb, Church Hall, Miners' Welfare – roedd yr ysfa i berfformio unrhyw beth ar unrhyw adeg ac yn unrhyw le yn gryf iawn yn Ronnie, fel yn Ryan. Gallai droi'i law at ysgrifennu *sketches* hefyd, ac yn ôl un arall o'i ffrindiau yn ysgol Cwm Gwendraeth, Eryl Jones, un o'r rhai doniolaf oedd y sgets am Jemima, y wraig â'r bronnau mawr. Ronnie oedd yn chwarae rhan Jemima ac Eryl oedd ei gŵr. Yn y sgets, mae'r gŵr yn cael *'call-up'*, sy'n rhoi cyfle i Jemima 'ddiddanu' y dyn llaeth, y dyn papur newydd, y cigydd ac, yn wir, unrhyw ddyn fyddai'n mentro cnocio ar ddrws ei thŷ. Yn anffodus, doedd Eryl ddim yn gallu cofio'r un llinell o sgript y sgets, ond roedd e'n cofio'r bronnau mawr, a'r ffaith mai Ronnie oedd yn eu gwisgo nhw. Yn bwysicach na hynny, does dim amheuaeth ym meddwl Eryl nad llwyddiant y sgets am Jemima, a'r hwyl a gafodd y ddau yn ei pherfformio, wnaeth i Ronnie, ac Eryl hefyd am gyfnod, benderfynu mai actorion oedd y ddau am fod. Un arall o sgetsys Ronnie, ac un o sgetsys mwyaf poblogaidd cyfres deledu Ryan a Ronnie ymhen blynyddoedd oedd 'Teulu Ni', a welodd olau dydd am y tro cyntaf ar lwyfan noson lawen Ysgol y Gwendraeth. Mam a Wil, Nigel Wyn a Phyllis Doris oedd y teulu ac yn y gyfres deledu, Ryan oedd yn chwarae rhan y fam, Ronnie oedd Wil y tad, Myfanwy Talog oedd Phyllis Doris, a Derec Boote oedd Nigel Wyn, wedi'i enwi ar ôl ffrind ysgol Ronnie, Nigel Rees. Bob wythnos byddai Ryan yn colli'i dymer gyda Phyllis Doris a Ronnie'n colli'i dymer â Nigel Wyn, gan weiddi'r llinell gofiadwy: 'Paid â galw Wil ar dy dad!'

Heb os, roedd Ronnie yn ei elfen, yn ysgrifennu, actio, cynhyrchu, cyfarwyddo a chyflwyno'r nosweithiau llawen ar lwyfan y Gwendraeth ac ysgolion eraill y cylch, fel Llanelli, Rhydaman a Chaerfyrddin. 'Ronnie and I were instantly starstruck,' meddai Eryl, 'We were on our way. Fame and fortune on the stages of Stratford and London were next. For years it sustained our dreams of someday being successful actors doing what we loved doing best, and getting paid for it.'

Wrth gymharu magwraeth Ryan a Ronnie, mae'n hawdd

gweld y tebygrwydd. Y ddau fel ei gilydd yn gynnyrch ardaloedd glofaol oedd yn rhoi bri ar gystadlu mewn canu ac actio. Yn wir, 'Cwm y Canu' y gelwid Cwm Gwendraeth. Y ddau wedi cael cyfle i berffomio'n ifanc a magu hyder i wynebu cynulleidfaoedd mawr a bach. A'r ddau wedi dod o dan ddylanwad aelodau'r teulu oedd yn cael eu gweld fel rhywrai i'w hefelychu; ei ewythr Morgan, yr actor a'r adroddwr, yn achos Ryan, a'i dad ei hun yn achos Ronnie, sef Iori, un rhan o'r ddeuawd gomedi boblogaidd, Sioni a Iori.

Pan anwyd Ronnie yn 1939, plant i lowyr oedd y rhan fwyaf o blant y Cwm, a doedd Ronnie'n ddim gwahanol. Roedd y gweithfeydd glo yn eu hanterth: yr Emlyn, Cross Hands, Mynydd Mawr, Dynnant, Gwaith Bach, Glynhebog, Capel Ifan, Carwe, Pont-henri, Trimsaran a Blaenhirwaun. Ym Mlaenhirwaun y gweithiai Iori, ar wyneb y glo, nes iddo gael damwain yn y 1950au. Stwcyn byr a chrwn fel ei wraig May oedd Iori, dyn â gwên ar ei wyneb a oedd yn hoff o'i wisgi. Lleolid gwaith glo Blaenhirwaun o fewn tafliad cnapyn i fferm Waun-wen, lle magwyd Jac, o Jac a Wil, ac fe fu'r ddeuawd hefyd, fel Iori, yn lowyr ym Mlaenhirwaun.

Dynes *strict* iawn oedd May, yn ôl Margaret, ei nith, ac yn fwy na pharod i ddweud ei barn yn glir ac yn groyw. Flynyddoedd yn ddiwewddarach, bu May a Iori'n cadw tafarndai'r Halfway, y Polyn a'r Ceffyl Du, ac mae'r actores Sharon Morgan yn cofio nosweithiau yn y Ceffyl Du yn y 1960au pan oedd y lle'n orlawn, a Iori ar ben y bwrdd yn canu a dweud jôcs, gyda glasied o wisgi yn ei law, fel yn yr hen amser, gyda Sioni ei bartner.

Yn y gyfrol *Cwm Gwendraeth*, mae Nan Evans yn darlunio'r glowyr yn mynd i'w gwaith yn gofiadwy iawn:

> Clywed shifft y bore y byddem ni, clywed sŵn y sgidie hoelion yn sgathru ar hyd yr hewl a hithau'n dal yn dywyll. Gweld shifft y pnawn, dynion dieithr yn dod

sha thre ac yn tuchan lan y tyle. Dod nôl yn glystyre ac ambell un yn loetran i dynnu mwgyn tra byddai'r lleill yn cyrcydu wrth dynnu anal. Pob un â'i focs bwyd a'i botel de yn ei boced a blocyn pren i gynnau tân o dan ei gesail. Y rhain oedd dynion y gwithe, a'r rhain oedd ein tadau ni.

A'r rhain oedd y dynion yr oedd Ronnie'n eu cofio pan ddychwelodd i Gefneithin i wneud rhaglen am ei bentref genedigol, ar gyfer Radio Cymru:

Oedd bws y coliers yn dod lan y Cwm tua 3.30, a'n bws ni, bws y Cownti Sgŵl, am 3.40. Oedd 'na riw serth i fyny o Garreg Hollt, a fydden ni'n rhedeg adre o'r ysgol lan Tyle Coch.

Darluniodd yr olygfa mewn cerdd fechan a ysgrifennodd pan oedd yn Ysgol y Gwendraeth:

Mae Tyle Coch yn serth, a rhuban du ar ei hyd,
Y coliers yn carthu, a thrio anadlu
A ninne a'n *satchels*, rhy brysur i sylwi.
'Daliwch ati' oedd eu geirie,
Mor falch bod ni'n cael cyfle.

Ac roedd digon o gyfle i unrhyw un yn yr ardal oedd yn medru canu neu actio i ddatblygu'r ddawn honno. Byddai'r plant yn cael eu paratoi ar gyfer oedfa a chyngerdd a'r Gymanfa Canu ar ddydd Llun y Pasg yn y Tabernacl, neu ym Methania, y fam eglwys yn y Tymbl: taith gerdded o Gefneithin i Garreg Hollt ac ar draws y lein i'r Tymbl. Ar ôl y cyfarfod yn y prynhawn, byddai bara cwrens a bara a chaws i bawb yn y festri, ac yna yn y cyfarfod hwyrol, llond y capel yn morio canu'r anthemau mawr: 'Teyrnasoedd y Ddaear',

J. Ambrose Lloyd; 'Dyn a Aned o Wraig', Christmas Williams; 'Y Nefoedd sy'n Datgan', Haydn, a'r unawdwyr poblogaidd oedd neb llai na Jac a Wil. Roedd eisteddfod ym mhob pentre yn y Cwm, a chantorion amlwg y dydd oedd Lyn Richards, Gwyneth Beynon ac Anita a Pegi Williams. I Cross Hands y tyrrai pawb i weld yr operâu a'r dramâu. Yno fe welwyd *Hansel and Gretel, The Bartered Bride* a *Cavalleria Rusticana* yn cael eu perfformio gan Gwmni Opera y Mynydd Mawr. Denwyd nifer o gwmnïau drama i lwyfan y Cross yn eu tro: Cwmni Dan Matthews, Pontarddulais; Ivor Thomas o Bont-henri ac Edna Bonnell o Lanelli. Ac roedd bod ar lwyfan Neuadd Cross Hands yn brofiad tebyg iawn i fod ar lwyfan un o theatrau'r West End:

> Llwyfan mor eang â'r môr a'r neuadd yn foethus i'w ryfeddu. Seddau plysh a llenni melfed ac yn union o flaen y llwyfan roedd cerddorfa dan arweiniad Tommy Lewis. O dan y llwyfan roedd yr ystafelloedd newid fel crochan… pawb yn gweiddi 'Hisht' a phawb yn crynu fel dail. Llithrai ambell un dewrach na'i gilydd i fyny i'r llwyfan i bipo rhwng y llenni ac wedi dod yn ôl yn gweiddi'n groch, 'Mae'n pact owt!'

Ac fe fyddai hi'n 'pact owt' bob tro ar gyfer perfformiadau o ddramâu Gwyn D. Evans, y dramodydd lleol, ac un o sgriptwyr *Pobol y Cwm* yn y dyddiau cynnar. Ond roedd ei enw hefyd yn gysylltiedig â pharti o ddoniau'r fro a sefydlwyd ganddo yn 1947. Sêr y parti oedd Sioni a Iori, gyda'u cymysgedd ysgafn o jôcs a chaneuon – rysáit lwyddiannus a fabwysiadwyd gan fab Iori a'i fêt Ryan ugain mlynedd yn ddiweddarach.

Ond parti arall o'r ardal oedd parti mwyaf poblogaidd Cymru, sef y Trwpadŵrs. Nhw oedd *Wales' Premier Singing Group, and BBC artists*, yn ôl y posteri. A hawdd y gallent hawlio'r disgrifiad

hwnnw a hwythau wedi perfformio gyda Norman Vaughan, heb
sôn am David Lloyd a'r Dallas Boys. Fe ddaeth Jac a Wil yn aelodau
amlwg o'r parti ac, yn y dyddiau cynnar, bu Ronnie ei hun, pan
oedd yn dal yn yr ysgol, yn rhannu llwyfan gyda'r Trwpadŵrs
mewn drama fechan. Mae 'na stori fod y gantores Dorothy Squires,
yr oedd ei thad o Lanelli, yn ffan mawr o'r Trwpadŵrs, ac yn eu
hedmygu gymaint nes iddi ofyn iddyn nhw fynd allan gyda hi i
ganu yn Awstralia. Yn ôl Lyn Roberts, un o'r trŵp, roedd pob un
wan jac yn awyddus i ddilyn Dorothy:

> Dyma pawb yn gweiddi 'Reit!' Odd pawb yn moyn mynd
> gyda hi, nes bo ni'n cyrraedd adre at y gwragedd, a dyma
> *common sense* yn dod mewn iddi wedyn wrth gwrs. Wel,
> roedd rhaid ennill bywoliaeth – a 'na ddiwedd ar hwnna!

Yn y pair diwylliannol hwn y cafodd Ronnie ei drochi.
Tywalltwyd cyfleoedd i berfformio arno, o bob tu. Ond heb os, y
dylanwad mwyaf arno, fel y soniwyd yn gynharach, oedd ei dad,
Iori. Mewn un cyfweliad wnaed gyda Ronnie ryw ddwy flynedd
cyn ei farwolaeth, mae o'n hel atgofion am y dyddiau cynnar yng
Nghefneithin, gan gofio VE Day yn cael ei gyhoeddi ar ddiwedd
y rhyfel. Mae ganddo gof amdano'i hun yn 'un bach twt, tew, tew,
tew, byr byr byr,' yn cael ei godi ar ben tresel hir a lliain bwrdd
trosti yn llawn bwyd, oherwydd fod Cefneithin yn cynnal partïon
stryd i ddathlu diwedd y rhyfel. Yna fe ganodd benillion yr oedd
ei dad wedi'u hysgrifennu, a Sioni, partner ei dad, yn cyfeilio ar y
piano.

Byddai Ronnie'n cael teithio o gwmpas gyda Jac a Wil a'r
Trwpadŵrs, fel aelod o'r 'Concert Party'. Roedd galw mawr am
ddoniau'r ddeuawd gomedi Sioni a Iori, ac yn ôl ffrind Ronnie,
Nigel Rees, byddai'r mab yn mynd gyda'i dad i'r neuadd ac, ar ôl
gwylio'r ddeuawd o ochor y llwyfan, yn cael cyfle i ddod ymlaen i

ganu, er mwyn i Sioni a Iori gael egwyl. Byddai Ronnie bob amser yn edrych fel pin mewn papur, neu'n hytrach 'fel *tailor's dummy*' yn ôl Nigel, diolch i May, a fyddai'n ei wisgo'n daclus, ac yn cribo'i wallt, tra byddai Iori'n rhoi cyfarwyddyd iddo ynghylch sut i sefyll a sut i gysylltu â'r gynulleidfa. Mewn brawddeg, cyngor Iori oedd 'Gwylia di fi, i ti gael dysgu.' Ac fe wnaeth.

Doedd neb tebyg i Sioni a Iori – ar wahân i Ryan a Ronnie wrth gwrs. Mae un stori'n cael ei hadrodd am Iori'n mynd i ddiddori cleifion yn yr ysbyty dros y Nadolig, ac yn cyrraedd yn hwyr. Wrth gerdded i lawr y ward mae'n dechrau siarad gyda'r gwlâu:

> Sori bo fi'n hwyr… dim bysus yn rhedeg… Ges i lifft 'da bachan yn gyrru hers… Odd rhaid i fi ishte yn y cefen gyda'r coffin… Jiw, weda i wrthoch chi, odd hi'n reid rwff. A wedes i wrth y boi… Gryndwch 'ma, wedes i, sa'i moyn bod yn anniolchgar ond odd hi'n reid rwff ar y jawl yn y cefen, gyda'r coffin… Wel… wedodd e… chi yw'r cynta i gwyno…!

Fe ddaeth Sioni a Iori yn sêr cenedlaethol, drwy gyfrwng y rhaglen radio *Sut Hwyl*, oedd wedi'i recordio ar lwyfan Neuadd Cross Hands, gydag Alun Williams yn cyflwyno. Chwarter canrif yn ddiweddarach byddai Alun Williams yn dychwelyd i Neuadd y Cross i gyflwyno cyngerdd wedi'i noddi gan Jo Jones o gwmni recordiau Cambrian. Roedd Jo, â'i sigâr dew fel Lew Grade, yn dipyn o *entrepreneur*. Felly hefyd Dennis Rees o gwmni'r Dryw, neu Den the Wren fel yr oedd yn cael ei adnabod. Roedd y ddau'n flaenllaw iawn yn natblygiad y diwydiant recordiau yng Nghymru, gan dorri tir newydd drwy ddefnyddio cerddorion proffesiynol i gyfeilio i'r artistiaid yn hytrach na phiano amheus ei thiwn. Os oedd Neuadd Cross Hands yn 'pact owt' i'r Trwpadŵrs, doedd 'na ddim lle ar ddechrau'r 70au i'r sardîn deneua sefyll i weld Tony ac Aloma, Margaret Williams, Bryn Williams, Janice Thomas a'r Hennessys – a sêr y noson, Ryan a Ronnie yn eu siwtiau melfed, yn canu cerdd dant ar yr alaw 'Green Green Grass of Home', gan un Tomos Jones o Bontypridd.

'Down the road I look and there runs Mary': dyna ganodd Tom ac yn nyddiau llencyndod dyna ganodd Ronnie a'i ffrind Eryl, y tu allan i Neuadd y Cross ar nos Sadwrn lle roedd Bryn's Band o Rydaman yn chwarae; fe rodiwyd y 'Monkey Parade' gan sawl Mary, o Gors-las, y Tymbl, Pontyberem a Dre-fach, wrth iddyn nhw lygadu'r bechgyn. Mae'n ymddangos nad oedd Ronnie, a'i wallt du trwchus, yn brin o edmygwyr. Yn ôl un o'i ffrindiau, aeth Ronnie gyda merch ifanc yr oedd wedi'i gweld ar y Monkey Parade, i lawr y ffordd o'r Cross, ac aeth ag un o'i fêts gydag o. A beth oedd swyddogaeth y mêt ar yr achlysur carwriaethol hwn, fe'ch clywaf yn gofyn? Wel, roedd hi'n glawio ar y pryd, ac roedd angen i rywun ddal yr ymbarél uwchben y pâr lapswchus i'w cadw'n sych!

Sgwn i ai'r digwyddiad hwnnw oedd wrth wraidd un o ganeuon mwyaf poblogaidd Sioni a Iori, 'O dan yr Ymbarél'? Beth bynnag am hynny, mae'n ymddangos fod Ronnie, a'i wallt du trwchus, yn fwy o atyniad i'r merched yn eu gwisgoedd taffeta a'u sodlau uchel na cherddoriaeth y band ar lwyfan y Cross.

Flwyddyn cyn i Ryan adael Ysgol Uwchradd Llanfyllin, roedd Ronnie wedi gadael Ysgol y Gwendraeth a chael swydd fel clerc yn swyddfeydd y cyngor yng Nghaerfyrddin. Yn weddol fuan ar ôl hynny, aeth i weithio i'r *South Wales Guardian* am bunt a deg swllt yr wythnos. Ef oedd yn gofalu am golofn y genedigaethau, y priodasau a'r marwolaethau, neu'r *Hatch, Match and Dispatch*, fel y gelwid hi gan yr hacs newyddiadurol. Am dri mis yn unig y bu'n gweithio i'r *Guardian*. Yn ôl Ronnie, a'i dafod yn ei foch, 'Doeddwn i ddim yn newyddiadurwr da iawn. Ro'n i'n treulio'r rhan fwyaf o fy amser mewn angladdau ac, erbyn y diwedd, ro'n i'n werthin shwd gyment, allen i ddim gweld drwy fy nagre i deipio'r manylion.' Yn addas iawn, roedd hyd yn oed hiwmor Ronnie'n gallu bod yn dywyll iawn ar brydiau. Gadawodd y papur am gyflog llawer mwy, £11 yr wythnos, fel condyctor ar fysus Brodyr James, Rhydaman, bysus yr oedd y diweddar Dafydd Rowlands, bardd, awdur a'r cyn-Archdderwydd, yn gyfarwydd â nhw.

Fe fu Ronnie yn gondyctyr ar fysys y Brodyr James Rhydaman, ac fe'i clywais yn aml yn disgrifio rhai o'r helyntion ar fysus brown y 'Jimmy' a fu'n gwasanaethu Dyffryn Aman a Chwm Tawe, 'nôl yn nyddiau bachgendod. Mae'n sicr fod y crwt ifanc o Gefneithin wedi dysgu llawer am grefft y digrifwr wrth werthu tocynnau i deithwyr y cymoedd rhwng Ammanford a 'Bertŵe, oherwydd un o hanfodion condyctyr bws yn y dyddiau hynny oedd tafod ffraeth, ateb parod, a'r gallu i ddifyrru cynulleidfa amrywiol, ac roedd ambell i gondyctyr yn gomedïwr wrth reddf, ac ambell i drip rhwng fflats Glyn-moch a Lower Cwmtwrch yn adloniant o'r radd flaena.

Yn ôl Margaret, nith ei fam, fe wedodd Ronnie ei fod e'n hapus iawn ar y bysus. Pan oedd hi'n brysur, fe fyddai'n tynnu coes sawl teithiwr, ac yn rhannu jôcs gyda nhw. Wedyn, pan fyddai'n dawel fe fydde fe'n ysgrifennu *sketches* yn sedd gefn y bws, ar gyfer Sioni a Iori a Parti Gwyn D. Evans.

Ond gwaith dros dro oedd y swydd ar y bysus. Unwaith yr oedd wedi casglu digon o arian, gadawodd gymdeithas glòs Cefneithin am strydoedd llydan y brifddinas, a bywyd myfyriwr, yn y Coleg Cerdd a Drama yng Nghaerdydd.

Anturiaethau *Hut* 159

'Swing those arms or I'll tear 'em orff, and 'it you with the soggy end.'

'Do you 'ave a mother, airman?'

'Yes, corporal!'

'Then how the 'ell did she manage to produce an ugly turd like you?'

'Am I 'urting you, airman?'

'No, sir!'

'Well, I bloody well ought to be. I'm standing on your bloody 'air. Get that 'air cut!'

'You are fucking useless airman. What are you?'

'I am fucking useless, corporal.'

Dyna'r geiriau cyfeillgar a sibrydwyd yn faleisus yng nghlust Thomas Ryan Davies, deunaw oed, o Lanfyllin, pan ymunodd â'r Llu Awyr. Fe'u cofnodwyd gan John P. Davies, a gadwodd ddyddiadur o'r cyfnod a dreuliodd yng nghwmni Ryan, yn Hut 159, yn y barics yn Padgate lle roedden nhw'n cael eu hyfforddi gan y Llu Awyr. Pwrpas yr hyfforddiant oedd troi bechgyn ifanc, dibrofiad, naïf yn eu diniweidrwydd, yn beiriannau disgybledig. System o ddad-ddynoli oedd hi. System y bwli. Sicrhau fod y recriwt yn ildio'n wasaidd a digwestiwn, drwy sgrechian o fewn modfeddi i'w wyneb. Deunaw o fechgyn, a thri ohonynt yn Gymry Cymraeg – dyna deulu Hut 159 ac yn ôl John Davies, pan ofynnwyd i Ryan ar y diwrnod cyntaf beth oedd ei enw yr ateb oedd 'I'm Thomas Ryan Davies, but you can call me Twm.' Ai dyna darddiad enw un o'i gymeriadau mwyaf poblogaidd, efallai, sef Twm Twm, yn y gyfres *Fo a Fe*?

Gan fod disgwyl i Ryan fyw ar bunt yr wythnos o gyflog, roedd croeso mawr i'r parseli o fwyd a gyrhaeddai'r gwersyll yn rheolaidd o Lanfyllin, yn enwedig os oedd 'na amlen y tu mewn yn cynnwys papur deg swllt. Yr unig le ar gael i wario hwnnw oedd yn y Navy, Army and Air Force Institute, neu'r NAAFI: cyfuniad o gaffi, siop, a neuadd gyngerdd lle roedd llwyfan pwrpasol.

Daeth Ryan yn boblogaidd iawn ymhlith y bechgyn eraill yn y gwersyll oherwydd ei dalent fel perfformiwr naturiol ac amryddawn yn enwedig ar y piano yn y NAAFI. Gallai chwibanu'n well nag unrhyw dderyn du, ac roedd ei ddehongliad o 'Myfanwy' yn siŵr o ddod â deigryn hiraethus i'r llygad. Ymhell cyn dyddiau'i bartneriaeth enwog â Ronnie, roedd Ryan wedi ffurfio deuawd gomedi gyda recriwt arall, Pat Durkin. Ryan yn fain ac yn fach, ac yn gallu dynwared Stan Laurel i'r dim drwy gau ei lygaid yn dynn, cymryd arno ei fod yn torri'i galon, ac yna agor ei lygaid yn fawr, ac edrych o'i gwmpas fel plentyn bach diniwed. Pat wedyn, yn fawr ac yn dew, efo mwstásh bach du dan ei drwyn, a het *bowler* ar ei ben yn edrych yr un ffunud ag Oliver Hardy. Ond am hanner awr wedi deg, byddai drws y NAAFI'n agor a'r corporal caredig yn sefyll yno ac yn gweiddi, nerth ei ben: 'The Queen' fel tae hi'n sefyll yn amyneddgar tu allan i'r drws yn barod i ddod i mewn i ddweud 'Nos da fechgyn, cysgwch yn dawel.' Ar alwad y corporal, byddai Ryan yn eistedd wrth y piano ac yn cyfeilio i 'God Save the Queen' a 'Hen Wlad fy Nhadau'. Ar ôl canu nodau olaf yr anthemau, ac wedi i'r corporal ddiflannu i'r nos, byddai'r Cymry'n ailafael yn y canu, ac yn mynegi'u parch diffuant a'u cariad angerddol tuag at y sarjants a'r corporals, gyda'u fersiwn nhw o 'God Save the Queen':

Go damia'r bobol flin,
Sarjants a'r corprals blin,
Duw, maen nhw'n flin.
Diawled anha-a-pus,
Cas a ffwnd-e-e-rus,
Ond codwn ninnau bawb ddau fys,
Gwaeddwn 'Twll eich tin'.

Drwy'r cyfnod hwn, ac er gwaetha'r pellter rhyngddynt, roedd Ryan ac Irene mor agos ag erioed. Ar benwythnos, byddai cyfle i Ryan fodio'i ffordd o Padgate i Goleg Didsbury, Manceinion, lle roedd ei gariad yn fyfyrwraig. Mae Irene yn cofio sawl ymweliad â'r sinema ac mae'n siŵr fod clydwch yr YMCA yn y ddinas yn fwy derbyniol o lawer na gwely cul anghyfforddus Hut 159.

Mae'n debyg mai'r tri gair mwyaf atgas gan y bechgyn yn y gwersyll oedd 'Kit Inspection' a 'Manoeuvres'. Safai Ryan yn syth wrth ochor ei wely. Ar un pen, dwy flanced wedi'u plygu a dau liain gwyn. O'i flaen, pâr o sgidiau hoelion lledr du, a hwnnw wedi'i lyfnhau drwy gynhesu cannwyll a thaenu'r gwêr ar y lledr gyda chefn llwy. Yna ar ôl rhoi cymysgedd o bolish Kiwi a phoer ar gadach, byddain rhwbio'r lledr nes ei fod yn gallu gweld wyneb cas y corporal ynddyn nhw. Ar y gwely hefyd roedd cwpan metel, cyllell, fforc a llwy, tuniau bwyd, pecyn gwyn yn cynnwys nodwyddau gwlân ac edafedd gwnïo, offer ymolchi ac eillio, brwsh dannedd a chrib gwallt. Yn araf a phwyllog byddai'r grŵp arolygu'n cerdded o gwmpas fel teigrod yn chwilio am brae, ac yna'n neidio'n ddirybudd i gyfeiriad un o'r recriwts, gan edrych yn ddilornus ar y casgliad o eitemau ar y gwely, ac yn crechwenu, cyn eu taflu ar y llawr.

Pan oedd ar 'manoeuvres' y dysgodd Ryan sut i ddefnyddio reiffl 303, sut i ddatgymalu'r gwn a'i lanhau, a sut i ladd y gelyn drwy roi bidog ar flaen y gwn a rhedeg i gyfeiriad sachaid o wellt gan sgrechian a gwthio'r bidog i mewn i'r sach. Treuliodd gyfnodau hefyd mewn pebyll oer a gwlyb, yng nghanol tywydd garw er mwyn dysgu sut i oroesi. Faint o les wnaeth yr ymarferion hyn i asthma Ryan tybed? Dim llawer, mae'n sicr. A faint o les yn wir a wnaeth dwy flynedd o wasanaeth milwrol? Fel hyn mae Ryan yn cyfeirio at y cyfnod rhwng gadael y Llu Awyr yn Padgate, a chyrraedd y Coleg Normal ym Mangor, mewn cyfweliad gydag Ifan Wyn yn y cylchgrawn *Y Gragen*:

> Yn 1955 mi es i i'r Llu Awyr, ac yn 1957 fe ddes allan a mynd i'r Coleg Normal ym Mangor. Yno mewn gwirionedd y daeth y blas o chwarae o flaen cynulleidfa a chymryd pethau o ddifri. Roeddwn i wedi aeddfedu ac, yn bwysig iawn, roeddwn yn cyfarfod â phobol oedd yn ymddiddori yn yr un pethe â mi – drama, canu, cyfansoddi a nosweithiau llawen.

Un o'r myfyrwyr hynny a oedd yn ymddiddori yn yr un pethe â Ryan oedd Rhydderch Jones, ffrind gorau Ryan yn ystod dyddiau coleg. Gŵr a chanddo wyneb crwn, coch, gwallt cyrliog, blêr a gwefusau trwchus oedd bob amser yn sugno ar sigarét oedd Rhydderch. Neu o leia, fel'na yr ydw i'n cofio Rhydderch Jones pan oedd o'n gynhyrchydd teledu yn Adran Rhaglenni Ysgafn y BBC ryw bymtheng mlynedd yn ddiweddarach. Gŵr hoffus iawn, y byddai'n ddigon hawdd i chi ei gamgymeryd ar noson dywyll am Dylan Thomas – un o'i arwyr mawr, gyda llaw.

Ar ôl clywed gan gyd-fyfyrwyr Ryan am ei dalentau disglair ac amryddawn, a'i berfformio cyson mewn tafarn, ar lwyfan, yn sefyll ar fwrdd yn hostel y George ar lannau'r Fenai, ac yn chwibanu 'In a Monastery Garden' yn well na Ronnie Ronald ar y radio, mewn neuaddau pentref, mewn cyngherddau a dramâu, y cwestiwn y mae rhywun yn ei ofyn ydi 'pryd ar y ddaear y cafodd yr enaid aflonydd hwn yr amser i eistedd i lawr yn dawel a gwneud unrhyw waith colegol?' Ond mae'n rhaid ei fod o wedi llwyddo i neilltuo awr neu ddwy yma ac acw, o dan wyliadwriaeth unbenaethol y prifathro Richard Thomas, neu Dic Tom – y Dictator, fel yr oedd yn cael ei alw – i astudio Eng Lang, Eng Lit, Health Ed, Music, a Dramatic Art Technique, oherwydd ar ôl dwy flynedd yn y Normal fe lwyddodd i ennill tystysgrif athro heb fawr o ymdrech.

Yn y Normal y dechreuodd Ryan gyfansoddi: ef fyddai'n gyfrifol am yr alawon a Rhydderch yn ysgrifennu'r geiriau. Cân i Gwen Llwyd oedd y gynta, ac fe welodd olau dydd, neu olau gwyrdd y stiwdio yn hytrach, ar un o raglenni'r BBC o Fangor, sef *Asbri*, efo'r siec am ddeg swllt a chwe cheiniog yn cael ei hanfon i'r Dolydd, Llanfyllin. Cân serch, wedi'i lleoli ym Mharis oedd yr ail, ond er mai Marie sy'n cael ei henwi yn y gân, nid i Marie yr oedd Ryan yn canu:

> Ar strydoedd culion Paris, a'r hen, hen heulog hin,
> Y byrddau ar y palmant, a'r hen, anghofus win,
> Daeth eco o'r hen ddyddiau, aeth heibio, mwy, i mi,
> Hen gof fel cof yr estron am gwmni fy Marie.

O gofio fod 'gwin' a 'hin' yn odli'n berffaith efo 'Irene', biti na fasai Rhydderch wedi newid enw'r ferch yn y gân, gan mai fel cân serch i Irene, cariad Ryan, y cyfansoddwyd hi.

Pan oedden nhw'n cynrychioli'r coleg mewn Ymryson Areithio ar y radio, fe fu Ryan a Rhydderch yn ddigon ffodus i gyfarfod â Sam Jones, pennaeth y BBC ym Mangor ar y pryd, ac un o'r arloeswyr mwyaf dylanwadol yn hanes darlledu Cymraeg, yn enwedig ym maes rhaglenni ysgafn. Ef ddaeth â'r noson lawen o'r neuaddau pentref i mewn i'r stiwdio radio; ef oedd yn gyfrifol am ddarganfod Merêd a Cled a Robin, Triawd y Coleg ac, oni bai am Sam Jones, fyddai Cymru'r 1940au ddim wedi clywed am y Co Bach a'i fodan chwaith. Cydnabyddid fod Sam Jones yn athrylith cyn belled ag yr oedd deall dymuniad y gwrandawyr yn bod. Meddai R. Alun Evans yn ei lyfr am Sam Jones, *Stand By!*:

Yr oedd y reddf ganddo i wybod beth fyddai'n plesio cynulleidfa radio. Gwyddai y gallai'r stiwdants fod yn fwy beiddgar na'r rhelyw ac y byddai'r gwrandawyr yn caniatáu rhyddid pellach iddynt. Roedd ganddo'r ddawn i ddarganfod talent, a'r reddf i wybod beth fyddai'n apelio at y bobol hynny yr oedd yn paratoi ar eu cyfer – y gwrandawyr.

Dro ar ôl tro, dywedid fod gan Sam Jones frwdfrydedd, egni, dychymyg, ysbrydoliaeth, gweledigaeth a greddf. Ac fe ellid defnyddio pob un o'r geiriau hynny i ddisgrifo Ryan, y perfformiwr proffesiynol, hefyd. Heb os, bu Sam Jones yn ddylanwad mawr ar genhedlaeth o unigolion talentog, ac yr oedd Ryan yn un ohonyn nhw. Ar ôl y cyfarfyddiad cyntaf hwnnw, aeth Rhydderch a Ryan ati i ysgrifennu nifer o ganeuon ac i sefydlu parti Noson Lawen yn y coleg, er mwyn canu'r caneuon yn neuaddau gogledd Cymru. Ffurfiwyd Triawd y Coleg Normal hefyd, sef Wil Ifor Jones, Phylip Hughes (yr actor a'r Dyn Sâl) a Ryan.

Roedd dawn gerddorol Ryan yn ennyn edmygedd pawb a'i clywai'n canu, neu'n canu'r delyn neu'r piano. Chwarae o'r glust y byddai bob amser, ond roedd yn gallu cofio darn hir o gerddoriaeth ar ôl ei glywed unwaith yn unig. Adroddir stori amdano'n mynd i'r sinema ym Mangor i weld ffilm o'r enw *The Glass Mountain*. Ffilm ofnadwy, ond roedd Ryan wedi'i wefreiddio gan y gerddoriaeth, a chwta hanner awr ar ôl ei gweld hi, roedd yng Nghaffi Kit Rose ym Mangor Ucha'n chwarae cerddoriaeth y ffilm yr oedd newydd ei gweld.

Yn ogystal ag ysgrifennu ar gyfer y parti Noson Lawen, roedd galw am ganeuon Ryan a Rhydderch ar gyfer rhaglenni'r BBC, fel *Sêr y Siroedd*, *Whilmentan* a *Tipyn o Fynd*. Ac er nad oedd crochan llawn aur 'draw dros yr enfys', yn dâl am gyfansoddi'r caneuon, roedd deg a chwech y tro yn ffortiwn ar y pryd i fyfyrwyr tlawd. Yn ôl yr hanes, pan gyrhaeddodd y ddwy siec, un i Ryan ac un i Rhydderch, fe'u newidiwyd yn syth, a'u gwario yn nhafarn boblogaidd yr Antelope.

Dylanwad pwysig arall ar Ryan yn y Coleg Normal oedd Edwin Williams, pennaeth Adran Ddrama'r coleg. Yn ôl yr actor J. O. Roberts, un arall o'i gyn-fyfyrwyr, roedd Edwin Williams yn 'dal, boneddig ei wisg a'i ymarweddiad. Ac er fod y mwstásh dan ei drwyn yn rhoi'r argraff ei fod yn sarrug ar brydiau, mewn gwironedd, roedd o'n ddyn addfwyn, llawn hiwmor, ac yn gyfarwyddwr trwyadl'.

Un o gynyrchiadau cofiadwy Edwin Williams, ond nid am y rhesymau iawn, oedd cynhyrchiad o *Noa*, drama gan Andre Obe, a gyfieithiwyd i'r Gymraeg gan F. G. Fisher, a sefydlodd Theatr Fach Llangefni, ac a berfformiwyd yn Eisteddfod Genedlaethol Caernarfon 1959. Rhydderch oedd yn chwarae Noa, a Ryan yn chwarae Cham, un o'i feibion. Yn arbennig ar gyfer yr olygfa lle mae Noa'n anfon y golomen i chwilio am arwydd fod y dilyw wedi gostegu, a lefel y dŵr wedi disgyn, fe saethwyd colomen wyllt, rywle yn Sir Fôn, ac erbyn dyddiad y perfformiad, oherwydd yr haf poeth ar y pryd, roedd y golomen wedi dechrau drewi. Agorodd Noa ddrws y gawell a gafael yn y golomen wyllt, ddrewllyd, farw yn dyner yn ei ddwylo. 'Dos golomen – dos,' meddai gan ei lluchio drwy ffenest yr arch. Ond gan mai colomen wyllt, farw, o ochrau

Sir Fôn oedd y golomen arbennig hon, roedd hi wedi colli'r gallu i hedfan i'r entrychion, ac felly fe drefnwyd fod neb llai na John Huwcyn, capten y tîm rygbi, yn dal yr aderyn yn ddiogel, ar ochor y llwyfan, o olwg y cyhoedd. Yn anffodus, llithrodd y golomen, megis pêl rygbi fwdlyd, drwy ddwylo'r capten, a glanio ar y llwyfan gan greu sŵn fel rhywun yn taro rhech. Roedd llond llwyfan o actorion a llond neuadd o gynulleidfa yn eu dyblau.

Yn ystod ei gyfnod yn y coleg, Ryan fyddai'n cael ei ddewis i chwarae'r prif rannau yn y dramâu a gynhyrchid gan Edwin Willams. Yng nghyfieithiad Saunders Lewis o ddrama Molière, *Doctor Ar Ei Waethaf*, Ryan oedd yn chwarae rhan Valère, a Phylip Hughes oedd Lucas. 'Actio rhagorol,' meddai'r *Faner* ym mis Rhagfyr 1957. Dewiswyd ef hefyd i chwarae rhan Thomas Mendip, yn y ddrama *The Lady Is Not for Burning*, gan Christopher Fry. Roedd Richard Burton wedi chwarae'r rhan yn y West End rai blynyddoedd ynghynt, ac efallai fod Ryan a Burton wedi trafod hynny flynyddoedd yn ddiweddarach pan oedden nhw'n actio gyda'i gilydd yn 1971, mewn ffilm o ddrama radio Dylan Thomas, *Under Milk Wood*. Yn ôl yr hanes, roedd dehongliad Ryan o gymeriad Thomas Mendip yn feistolgar. Ar wahân i berfformio ar lwyfan o dan adain Edwin Williams, fe gafodd ei drwytho yn hanes y ddrama, cafodd wersi symud a llefaru, a gwersi oedd yn ei ddisgyblu i roi sylw priodol i'r defnydd cynnil o oslef a saib.

Does dim dwywaith nad oedd Edwin Williams yn argyhoeddiedig mai perfformiwr oedd Ryan yn y bôn ac, er ei fod wedi'i gymhwyso i fod yn athro, y byddai'n elwa o'r profiad o gael blwyddyn bellach yn astudio technegau actio yn y Central School of Speech and Drama yn Llundain. Ymhen llai na chwe blynedd yr oedd Ryan wedi gwireddu proffwydoliaeth Edwin Williams ac wedi gadael ei swydd fel athro yn Croydon er mwyn ymuno â'r BBC.

Impressario'r dyffryn

'Men in Cefneithin don't wear tights,' meddai Ronnie wrth yr athro dawns pan ddwedwyd wrtho ef a'i ffrind Peter King yn 1958 fod disgwyl i'r dynion, yn ogystal â'r merched, wisgo'r cyfryw ddillad ar gyfer y dosbarthiadau symud yn y Coleg Cerdd a Drama yng Nghaerdydd.

Castell oedd yr adeilad lle'r aeth Ronnie'n fyfyriwr drama mewn gwirionedd, yn ymgorffori'r ystafelloedd ysblennydd a gynlluniwyd gan y pensaer William Burges, ar gais trydydd Marcwis Bute, tu fewn i furiau Castell Caerdydd. Sgwn i a gafodd Ronnie yr un teimlad ag a ges innau pan es yn fyfyriwr i'r Castell ryw dair blynedd yn ddiweddarach? Y teimlad eich bod chi'n *extra* mewn ffilm yn cael ei saethu ar *set* wedi'i chreu gan Walt Disney... Lloriau pren moethus, ffenestri o wydr lliw, colofnau o farmor, paneli o goed wedi'u cerfio'n gain, waliau wedi'u peintio â murluniau chwaethus yn dangos delweddau Fictoraidd yn gymysg â chymeriadau o hen chwedlau, ac angylion euraidd yn hedfan uwch eich pen.

Oddi mewn i furiau'r castell roedd lawntiau'n ymestyn am filltiroedd, lle gallai myfyriwr drama ifanc ddychmygu mai ef oedd Douglas Fairbanks, yn chwifio'i gleddyf yn osgeiddig. Castell Caerdydd ar ei wedd Burgesaidd oedd 'the most successful of all the fantasy castles of the nineteenth century' yn ôl un disgrifiad. Yn wahanol i Douglas Fairbanks, doedd Ronnie ddim yn ddyn teits, ddim yn ddyn fyddai'n teimlo'n gyfforddus yn dawnsio ar loriau pren ystafelloedd ymarfer y coleg. Doedd symud yn ysgafn-droed ddim yn un o'i gryfderau – oherwydd fod ei draed yn troi at i fewn. Yn ôl un ffynhonnell, na lwyddais i'w chadarnhau, cafodd lawdriniaeth ar ei draed pan oedd yn fachgen bach, ac felly roedd rhedeg yn anodd – fel y nododd ei athro ymarfer corff, o hir amynedd, un tro! Ond, beth bynnag am hynny, trodd Ronnie'r anfantais gorfforol yn fantais gomedïol. Yr wythnos ganlynol, mewn pâr o deits du, fe berfformiodd ef a'i ffrind ddawns ddoniol, oedd yn dychanu dawnswyr bale ar y naill law, ac yn wrogaeth ar y llaw arall i Max Wall, un o gomedïwyr mwyaf poblogaidd y dydd, fyddai'n gwisgo teits du am ei goesau tenau ac yn cerdded o gwmpas gyda'i freichiau'n cyffwrdd y llwyfan, a'i ben ôl yn yr awyr, fel mwnci'n chwilio am gymar. Sylwodd neb ar ei draed, a chafodd ef a'i ffrind ganmoliaeth uchel gan yr athro am eu dyfeisgarwch.

Mae Brian Roberts, oedd yn fachgen ifanc yn yr ysgol yn Aberdyfi ar y pryd, yn cofio myfyrwyr o'r Coleg Cerdd a Drama'n ymweld â'r ysgol, a Ronnie yn eu plith, i berfformio *The Diary of Anne Frank*, ac *Under Milk Wood*. Fe wefreiddiwyd Brian gymaint gan befformiad Ronnie fel Organ Morgan a Butcher Beynon, nes peri iddo benderfynu ar sail yr un ymweliad hwnnw gan Ronnie a'i gyd-fyfyrwyr, y byddai'n dod yn fyfyriwr ei hun yn y coleg ar ôl gadael yr ysgol. A dyna ddigwyddodd. Ac ar ôl gadael coleg, ymunodd Brian â'r BBC gan weithio drwy gydol ei oes ar ochor cynhyrchu dramâu teledu – diolch i Ronnie.

Ar wahân i actio yng nghynyrchiadau'r coleg, yn ei ail flwyddyn fe gafodd Ronnie brofiad o actio mewn dramâu radio, gydag actoresau profiadol fel Gwenyth Petty, a chyfarwyddwyr o safon D. J. Thomas ac Emyr Humphreys, fyddai wedi gallu rhoi'r anogaeth a'r cyngor gorau posib i actor ifanc. Roedd pennaeth y coleg, Raymond Edwards, wedi braenaru'r tir i ryw raddau, gan ei fod yntau'n gyfrannwr cyson ar raglenni radio o stiwdios y BBC yn Park Place, ac yn hapus i weld rhai o'i fyfyrwyr yn dilyn ôl ei droed.

Mae Graham Jones, a fu'n gynhyrchydd teledu gyda HTV, yn cofio Ronnie yn y coleg fel bachgen hŷn na'i oed gydag agwedd aeddfetach at fywyd na'i gyd-fyfyrwyr. 'Oherwydd y cyfnod a dreuliodd yn gweithio ar y bysus, mae'n bur debyg,' ym marn Graham. 'Roedd e wrth ei fodd yn gwisgo'n smart. *Blazer*, sgarff lwyd, coler a thei.'

Does fawr o ryfedd ei fod wedi denu llygaid y merched, ac mae Lenna Prichard Jones, fu'n cydgyflwyno *Stiwdio B* gyda Ronnie yn y 1960au, yn adrodd stori amdano'n gofyn i un o'r merched yn y coleg a fyddai hi'n hoffi mynd allan ryw noson. Ac yn wir, fe gytunodd y ferch – ar yr amod fod Ronnie'n mynd gyda hi ar y nos Sul i'r City Temple, eglwys bentecostaidd yng Nghaerdydd. Gan fod Ronnie a Lenna'n rhannu *digs* yn Ilton Road ar y pryd, fe fu cryn drafod a ddylai Ronnie fynd ai peidio.

'Yn y diwedd,' meddai Lenna, 'fe ofynnodd i fi fynd ar y dêt gyda'r ddau ohonyn nhw. A phan ofynnes i pam, medde fe, â gwên fach chwareus ar ei wyneb, "Achos, os byddi di 'da fi, sdim peryg i mi gael fy achub"! Dyna i chi enghraifft,' meddai Lenna, 'o'i hiwmor chwim a'i feddwl miniog. Roedd e'n fachgen hoffus iawn, ac yn rhywun y byddech chi wrth eich bodd yn ei gael yn frawd ichi.'

Neu, yn achos Einir Wyn Hughes, yn ŵr i chi. Fe gyrhaeddodd Einir y coleg yr un pryd â Ronnie, gan aros yn yr un *digs* yn Ilton Road ag ef a Lenna, gyda Mr a Mrs Davies, gŵr a gwraig oedd yn mwynhau cwmni myfyrwyr cerdd a drama, gan fod Mrs Davies wedi bod yn canu mewn *musicals*, ac yn gyn-aelod o gwmni opera Glanaman. Merch i John a Beth Hughes, Llythyrdy Llangwm, oedd Einir, ac yn y coleg i ddilyn cwrs mewn cerddoriaeth. O fewn chwe mis i gyfarfod ag

Einir, roedd Ronnie a hithau wedi dyweddïo, neu wedi 'engêjo' fel y byddai pobol yn y cyfnod hwnnw'n gwneud ac i ddathlu'r achlysur, fe brynodd fodrwy iddi a gostiodd £24. Penderfynodd y ddau briodi yn 1961, felly yn hytrach na chwbwlhau ei chwrs, gadawodd Einir y coleg a mynd i weithio i gwmni Anglo Autos, tra bod Ronnie'n rhannu'i amser rhwng cwmni gwerthu teils DT Simms yng Nghaerdydd a stiwdio ddrama'r BBC yn Park Place.

Ond roedd Ronnie hefyd wedi penderfynu sefydlu cwmni ffilmiau a chyda chymorth ariannol gan May a Iori – a fu'n llawer rhy barod ar hyd eu hoes i roi benthyg arian i'w mab a'i achub o fwy nag un twll ariannol, yn ôl ei chwaer Rhoda – gwireddwyd ei freuddwyd. Credai Graham Jones ei ffrind coleg, a Lyn Jones, sefydlydd Cwmni Cynhyrchu Cymru gyda Ryan a Ronnie yn nechrau'r 1970au, mai cyfarwyddo, cynhyrchu ac ysgrifennu oedd cariad cyntaf Ronnie, ac nid actio. Gydag arian y teulu a benthyciadau hael gan wŷr busnes o ardal Pontyberem a'r cylch, sefydlodd Ronnie gwmni Dyffryn Films mewn dwy ystafell yn adeilad y Phoenix, yn Sgwâr Mount Stuart, yn nociau Caerdydd. Un ystafell i'r *impressario*, ac un i olygydd ffilm ifanc, a ddaeth ymhen blynyddoedd yn un o gyfarwyddwyr *Pobol y Cwm* – Robin Rollinson.

Mae'n deg haeru mai Ronnie Williams oedd y cynhyrchydd ffilm annibynnol cyntaf yng Nghymru, ugain mlynedd cyn dyfodiad S4C. Yn wir, fe ddywedodd ei fab Arwel wrthyf mai ei ddisgrifiad ohono'i hun ar ei basport bryd hynny oedd 'Managing Director, Dyffryn Films'. Bron na fedrwch chi ei ddychmygu gyda sigâr dew yn ei geg, mewn cadair fawr o ledr du, yn eistedd tu ôl i'w ddesg, a'r car crand tu allan i'r ffenest. Yn wir, fe ddaeth hynny i'w ran yn ystod blynyddoedd Ryan a Ronnie, ond nid fel canlyniad i sefydlu Dyffryn Films.

Prin iawn oedd atgofon Robin Rollinson o greu cynnyrch i Dyffryn Films yn y dyddiau cynnar hynny, ond mae'n cofio i Ronnie wneud un ffilm i'r rhaglen gylchgrawn ddyddiol *Heddiw*, lle roedd e'n marchogaeth camel ar hyd heol unffordd yn nhref Casnewydd heb gael ei ddirwyo – oherwydd nad oedd cyfraith yn dweud na ellid gwneud hynny! Gwnaeth ffilm wedyn am y cwmni oedd yn adeiladu'r Gilbern, y *sports car* Cymreig, yn eu gweithdy yn Llanilltud Faerdre, ger Pontypridd. Roedd Robin yn amheus a welodd ffilm arall, awr o hyd, am ddinas Caerdydd, wedi'i lleisio gan Gwyn Thomas, olau dydd.

Roedd swyddfa Dyffryn Films yn beryglus o agos i dafarndai'r dociau – y Dowlais, yr Old Bute Dock, y Packet, a'r Ship and Pilot, ac fe dreuliodd Ronnie fwy nag un prynhawn wrth y bar, yn cymdeithasu ac yn creu dyfodol llwyddiannus iddo'i hun a'i gwmni – ar bapur. Doedd Ronnie ddim yn brin o syniadau, ond doedd e ddim mor llwyddiannus yn troi'r syniadau uchelgeisiol yn ffilmiau ar y sgrin.

Un o'i syniadau mwyaf mentrus yn nyddiau cynnar Dyffryn Films oedd *Dinas y Dieithryn* – ffilm wedi'i sgriptio, ei chyfarwyddo a'i chynhyrchu gan Ronnie. Ei fwriad oedd cwblhau un bennod a'i dangos i'r BBC, gan obeithio y bydden nhw'n comisiynu cyfres ar sail yr un bennod honno. Roedd y stori'n un syml iawn am fachgen ifanc (Ronnie efallai?) yn dod i Gaerdydd, y ddinas ddieithr, ac yn wynebu pob math o broblemau a themtasiynau. Graham Jones oedd yn chwarae rhan y myfyriwr dibrofiad ac mewn un olygfa, a saethwyd ym Mharc Bute, mae Graham yn cyfarfod ag un o weinidogion y ddinas sy'n ceisio ymyrryd yn rhywiol ag ef. Dyna olygfa heriol iawn o gofio agwedd y gymdeithas at bobl hoyw, heb sôn am gyfraith gwlad, yn y 1960au. Chwaraewyd rhan fechan yn y ffilm gan actores ifanc a ddaeth yn enwog ymhen blynyddoedd fel un o actorion *Pobol y Cwm*, sef Iris Jones. Merch ifanc yn gwerthu

te yng nghaffi awyr agored yr Ais, yng nghanol Caerdydd, oedd hi
yn y ffilm, ac yn ôl Robin Rollinson fe dalodd Ronnie £100 i'r caffi
er mwyn cael ffilmio yno am ychydig oriau. Mae hynny'n gyfystyr
a thalu £1,800 yn arian heddiw, ond fyddai'r un cwmni annibynnol
yng Nghymru'n ystyried talu'r fath arian y dyddiau hyn.

Mae'n amlwg fod gan ei noddwyr ym Mhontyberem ormod o
arian yn y banc i boeni sut roedd Ronnie'n gwario'u buddsoddiad
yn Dyffryn Films. Y gwir oedd fod ganddyn nhw ormod o ffydd
yng ngallu Ronnie i drafod arian – un ddawn nad oedd wedi'i
fendithio â hi.

Fe ddangoswyd y bennod gyntaf i'r BBC... a honno oedd yr
olaf. Ni chafodd gomisiwn. Methiant fu hanes Dyffryn Films, a
methiannau fu pob un o syniadau busnes Ronnie gydol ei oes,
yn ddieithriad. Gyda'i wên lydan a'i dafod arian, gallai berswadio
ffrindiau a darpar noddwyr y byddai buddsoddi swm sylweddol
yn ei fenter ddiweddaraf – tafarn fel arfer – yn syniad da. Ond
doedd e byth yn syniad da. Pam? Oherwydd fod Ronnie'n hoffi'r
syniad o fod yn berchennog busnes llwyddiannus, ond yn anfodlon
gweithio'n ddigon caled i wneud i'r busnes hwnnw lwyddo. Yn
ogystal â hynny, roedd ganddo galon fawr, rhy fawr i fod yn ddyn
busnes, a manteisiodd nifer o bobol ar ei garedigrwydd.

Yn ystod y cyfnod pan oedd yn ceisio cael gwaith i Dyffryn
Films, roedd Ronnie'n dal i actio'n gyson. Ymddangosodd ar
raglenni radio Adran Addysg y BBC ar gyfer ysgolion, ac ar y
teledu fel cyflwynydd *Clwb yr Ifanc* i Telewele, fel trosleisiwr
ffilmiau i *Heddiw* ac fel darllenydd newyddion, yn Gymraeg a
Saesneg, ar raglenni teledu. Mae'n amlwg ei fod yn anhapus â'r
tâl a gâi am actio ar y radio, sef chwe gini, a'i fod wedi mynegi'i
anfodlonrwydd wrth Iris Evans, dynes y cytundebau. Atebwyd
ei lythyr drwy gynnig cynnydd o ddwy gini iddo ac yn archif y
BBC, erys y llythyr tafod-yn-y-foch hwn a anfonodd Ronnie at

Iris Evans yn diolch iddi o waelod calon, dros ben llestri, am ei charedigrwydd difesur:

> Dear Miss Evans,
>
> Thank you for your letter of 14 February 1963, in which you informed me of the reviewing of my drama fee from 6 guineas to 8. It is, of course, wonderful news, and I am very grateful that you were able to authorise this increase. I'm sure you'll be glad to know that I can now buy all my children shoes and stockings and perhaps pay the poor grocer round the corner. I may be able to get the furniture back so that my poor wife can have a sit down for a change. Seriously, my humble thanks and assurances that your action is indeed greatly appreciated.
>
> Kind regards,
> Ronnie Williams.

Doedd gwyleidd-dra ddim yn nodwedd ar gymeriad Ronnie, ac nid llythyr o '*humble thanks*' gan actor diolchgar a anfonwyd at Miss Evans, ond llythyr gan actor oedd yn credu, ac a gredai drwy'i oes, na chafodd y gydnabyddiaeth yr oedd yn ei haeddu am ei waith, fel sgwennwr nac actor.

Er mai yn 1967 y daeth Ronnie a Ryan at ei gilydd a ffurfio'r bartneriaeth a gychwynnodd bennod newydd yn hanes comedi yn y Gymraeg, roedd y ddau eioses wedi cyfarfod saith mlynedd ynghynt. Athro yn Llundain oedd Ryan ar y pryd, a byddai'n teithio i lawr i Gaerdydd i ymddangos ar raglenni radio, a theledu hefyd o bryd i'w gilydd.

Yn 1960, yn ôl y *Radio Times*, beibl y byd darlledu ar y pryd, fe berfformiodd Ryan 'ganeuon ysgafn wrth y piano' ar *Clwb yr Ifanc*, y rhaglen yr oedd Ronnie'n ei chyflwyno. Ac yn wir, fe gafodd beirniad teledu'r *Cymro* ei blesio:

Credaf fod addewid yn Ronnie, ac y daw, gydag amser a chyfarwyddyd, yn gyflwynydd pur dda, ac y mae stôr o ddefnyddiau amlwg gan Ryan y gellir tynnu arno am ragor o eitemau.

Cyflwyno ar deledu, actio ar y radio, darllen bwletinau newyddion teledu yn Gymraeg a Saesneg, a gweithio fel cyhoeddwr – ddechrau'r chwedegau, er gwaetha'r ffaith fod yr hwch wedi mynd drwy siop Dyffryn Films, roedd Ronnie nid yn unig yn brysur iawn ond hefyd yn un o 'selebs' y cyfnod. Roedd galw am ei wasanaeth ledled Cymru, i ymddangos yn gyhoeddus – i agor ffeiriau ac archfarchnadoedd! Erbyn 1963, roedd Ronnie ac Einir ei wraig yn byw yn Rhiwbeina, Caerdydd, gydag Arwel, eu mab bychan newydd-anedig.

Flwyddyn yn ddiweddarach, roedd 'na lojar yn y tŷ, hogyn o Sir Fôn... ond does gen i ddim cof erbyn hyn sut y ces innau gartre dros dro yn 14 Lôn y Mynydd. Ar ôl gadael y Coleg Cerdd a Drama, yr un coleg â Ronnie, fe ymunais â'r rhaglen deledu ddyddiol *Heddiw* ar y BBC, ac fe fyddwn yn gweld Ronnie weithiau yn y cantîn yn Broadway. Hwyrach mai dros baned y cynigiwyd y gwahoddiad. Doedd Einir ddim yn cofio chwaith sut y bu iddi hi fod yn ddigon ffôl i rannu'i chartref gyda bachgen ifanc tal a main oedd yn bwyta drwy'r amser. Yn wir, mae hi'n honni fy mod yn codi'n rheolaidd yn hwyr y nos ac yn mynd i lawr y grisiau i goginio swper. Roedd hi hefyd yn cofio iddi fy ngweld yn cario llwyth o frics a darnau o bren i mewn i'r ystafell er mwyn adeiladu silffoedd i ddal llyfrau. Ac rydw innau'n cofio nad oeddwn i a'r ddynes ar draws y ffordd, Mrs Bower, yn ffrindiau mynwesol o bell ffordd, gan fy mod i'n mynnu parcio'r Triumph Herald gwyn oedd gen i o flaen ei thŷ.

Synnwn i ddim nad oherwydd fy nghyfeillgarwch â Ronnie, a'r ffaith ein bod yn byw am gyfnod o dan yr un to, y ces i'r cyfle i ysgrifennu caneuon digri ar gyfer un o gyfresi mwyaf arloesol y BBC yng nghanol y chwedegau, sef *Stwidio B*, cyfres yr oedd Ronnie yn ei chyflwyno ar y dechrau gyda Lenna Pritchard Jones. Ddwy flynedd ynghynt, roedd David Frost wedi dweud 'Hello, good evening, and welcome' gyda gwên ffuantus ar ei wyneb, wrth gyflwyno *That Was The Week That Was*. Rhaglen ddychanol, wrth-sefydliadol, oedd *TW3*, yn rhoi cic wythnosol i wleidyddion yn bennaf drwy gyfrwng sgets a chân. Doedd hi ddim yn brin o sgwenwyr – John Cleese, Peter Cook, Richard Ingrams, Roald Dahl hyd yn oed, John Bird, John Betjeman, Kenneth Tynan a Willie Rushton. Fe ganai Lance Percival galypso ddychanol bob wythnos a Millicent Martin fyddai'n agor y rhaglen gyda chân yn cynnwys rhai o brif ddigwyddiadau'r dydd.

A'r digwyddiad mwya ohonynt heb os oedd y Profumo Affair, cyfathrach rhwng un o weinidogion y Llywodraeth, John Profumo, a Christine Keeler, yr honnid ei bod yn gariad i sbei o Rwsia ar yr un pryd ag yr oedd hi'n cysgu gyda Profumo. Bu'n rhaid i'r Gweinidog ymddeol, ar ôl iddo ddweud celwydd yn Nhŷ'r Cyffredin am natur ei berthynas gyda Miss Keeler.

Ddwy flynedd yn ddiweddarach, yn 1965, aeth criw *Stiwdio B* ati i roi Cymru fach o dan chwyddwydr tebyg. Ein Millicent Martin ni oedd Margaret Williams ac, yn ystod y tair blynedd y bu'r gyfres ar y teledu, gwelwyd talentau Gaynor Morgan Rees, Mari Griffith a Ieuan Rhys Williams ynghyd â Beryl Hall (a'i chi) gyda Rhydderch Jones, Gwenlyn Parry, Endaf Emlyn a Lyn Jones yn gwneud y rhan fwyaf o'r ysgrifennu ynghyd â John Roberts,

Huw Lloyd Edwards a Dafydd Glyn Jones – yr hybarch eiriadurwr ac academydd yn ddiweddarach.

Cyd-ddigwyddiad llwyr oedd dewis 1965 yn flwyddyn i gychwyn cyfres ddychanol yn y Gymraeg, ond roedd hi'n flwyddyn dda i'r dychanwr. Dyma'r flwyddyn y cyhoeddodd Ian Smith fod Rhodesia'n bwriadu torri'n rhydd o hen ymerodraeth Prydain a throi'n wlad annibynnol, a'r flwyddyn y penderfynodd Ronnie Biggs, y 'Great Train Robber', y basa fo'n hoffi bod yn annibynnol hefyd – trwy ddianc o garchar Wandsworth. Fe ymddiswyddodd Alec Douglas Home fel arweinydd y blaid Geidwadol ac fe glywyd Kenneth Tynan yn defnyddio un gair bach pedair llythyren ar y teledu am y tro cyntaf.

Gair pedair llythyren arall yn dechrau ag 'ff' a gafodd sylw yn 1965 oedd 'ffags', pan waharddwyd cwmnïau sigaréts rhag hysbysebu ar y teledu. Dwi'n credu i mi sgwennu cân am faco Amlwch Shag, ond chafodd hi mo'i derbyn, am ryw reswm. Enw'r baco, efallai?!

Nid ar chwarae bach yr enillodd *Stiwdio B* ei phlwy. 'Methiant yw'r gyfres newydd o *Stiwdio B*,' meddai un beirniad teledu. Ond fe gafwyd deunydd cofiadwy iawn gan un sgwennwr profiadol, sef Wil Sam, crëwr y cymeriad anfarwol Ifans y Tryc, yn ei siwt, a'i goler *come-to-Jesus*, a'i Homburg ar ei ben, yn cerdded â herc oherwydd, yn ei eiriau ei hun, ei fod wedi 'cael cic gan fastard mul yn Kinmel Park'. Roedd dehongliad Stewart Jones o greadigaeth Wil Sam yn... hwnna, hwnna... feistrolgar ac roedd gan Ifans farn ar bopeth dan haul yn enwedig ein 'Inglish ffrends'.

Dwi'n gofyn i chi, ymhob sinseriti. Ydan ni'n cael ein trin yn deg gan Loegar? Cyt ddy comic. Sgersli bilîf. Ma'r Ingland Refeniw yn mynd â phob ffadan beni sydd ganddon ni. Britannia rŵls ddy Wels. Hwnna ydi o.

Efallai nad oedd Ifans yn credu ei fod o'n cael ei drin yn deg gan *Y Cymro*, chwaith, yn enwedig os gwelodd o adolygiad Emyr Price o *Stiwdio B*:

> Mae cynnwys ac ansawdd yr eitemau yn bur isel eu safon, ac rydw i wedi hen laru ar hiwmor aildwymedig a ffug-sathredig y dyn tryc. Ni wn a oes arwyddocad arbennig i'r 'B' sy'n dilyn Stiwdio, ond os oes, gadawaf hynny i ddychymyg y llu o wylwyr a glywais yn cwyno'n ddi-baid am y rhaglen hon.

Er bod Emyr Price yn feirniadol iawn o'r rhaglen drwyddi draw, gan gynnwys y sgriptiau a'r perfformiadau, 'Ysgrifennu ddim digon disglair ar gyfer rhaglen ddychan a'r actio gan Gaynor Morgan Rees, Ieuan Rees Williams ac eraill ddim digon medrus' – roedd ganddo ganmoliaeth i Ronnie a'i fod 'wedi datblygu'n ddigrifwr da a medrus, yn enwedig wrth ddynwared gwleidydd fel Cledwyn Hughes, a'i angen pennaf bellach ydyw cael defnyddiau doniolach gan awduron'.

Yn sicr, doedd dim byd yn ddoniol am berfformiad nesaf Ronnie. Fe ymddangosodd mewn cynhyrchiad gan y BBC ar y cyd â Chwmni Theatr Cymru o basiant R. Bryn Williams, *Drws Gobaith*, i ddathlu canmlwyddiant glaniad y *Mimosa* ym Mhatagonia yn 1865. Rhannwyd y pasiant yn dair rhan: Gwalia, Mimosa a Patagonia, ac fe wnaeth Ronnie ei ymddangosiad yn y rhan gynta fel Daniel, y ffarmwr a oedd yn gadael Gwalia, gyda'i wraig, Gaynor Morgan Rees. Yn ôl un actor a ymddangosodd yn y pasiant, digwyddodd un neu ddau beth digri yn ystod y perfformiad. Ar ôl glanio ym Mhatagonia, roedd yn rhaid aredig y tir a'i hau, ac fe roddwyd y dasg honno i Ifan Gruffydd, y gŵr o Baradwys, ac actor cyson ar lwyfan Theatr Fach Llangefni. Gyda sach wag yn llawn o hadau dychmygol ar ei gefn fe aeth ati gyda brwdfrydedd i hau'r had, a'i freichiau'n chwifio o gwmpas fel melin wynt. Ac fe glywyd un o'r actorion yn sibrwd yn uchel 'Ifan, paid â hau yn fama, er mwyn Duw! Dwi'm 'di aredig y darn yma eto!' Mynnodd un actor fod hadau go iawn wedi cael eu taenu ar y llwyfan y noson honno a bod un neu ddau o actorion wedi llithro arnynt wrth geisio croesi o un ochor i'r llall.

Wilbert Lloyd Roberts oedd yn gofalu am y cynhyrchiad, ac os heuwyd unrhyw hadau ar y llwyfan y noson honno, yna tyfu'n un o sefydliadau mwyaf Cymru'r 1970au wnaeth y rheiny, sef Cwmni Theatr Cymru. Fe drefnwyd fod ymwelwyr o Batagonia'n dod draw i fod yn rhan o'r cynhyrchiad, a dyma'r tro cyntaf i Elvey MacDonald ymweld â Chymru. Cododd y gynulleidfa ar ei thraed i groesawu'r gwladfawyr, ac i ddangos eu gwerthfawrogiad o basiant a oedd yn llawn emosiwn.

Dyma ni felly wedi cyrraedd y flwyddyn 1965 yn hanes Ryan a Ronnie. Mae Ronnie eisoes yn wyneb a llais cyfarwydd iawn yng Nghymru, ac mae Ryan ar fin arwyddo cytundeb llawn-amser gyda'r BBC a gadael ei swydd fel athro yn Croydon a symud i Gaerdydd. Ond fe awn ni 'nôl am ychydig i ymuno â Ryan yn 1959: y flwyddyn yr aeth i Lundain am y tro cyntaf, i fod yn fyfyriwr – am yr eildro.

Cymry Llundain

Fel Caerdydd heddiw, felly Llundain yn y chwedegau. Roedd y ddinas yn fagned a dynnai bobol ifanc dalentog Cymru ati'n rymus. Ymhell cyn hynny, roedd nifer o deuluoedd o gefn gwlad Cymru wedi profi fod palmentydd aur y ddinas yn llifeirio o laeth a mêl, a phan gyrhaeddodd Ryan yno yn 1959, a chofrestru fel myfyriwr yn y Central School of Speech and Drama, cyn cychwyn ar ei yrfa fel athro yn Croydon, roedd yn un o blith y saith deg y cant o athrawon yn Llundain a oedd yn hanu o Gymru. Yn ystod y 1950au, roedd gwaith yn brin yng Nghymru, felly ymfudodd miloedd o bobol ifanc i Lerpwl, Birmingham a Llundain i wella'u byd. Yn ôl Hafina Clwyd, a adawodd Sir Ddinbych i fod yn athrawes yn Llundain:

> ddechrau'r pumdegau, yr oedd yr ymfudo yn wastraff pechadurus o genhedlaeth o Gymry Cymraeg fu'n rhan o ddiboblogi cefn gwlad Cymru. Serch hynny, yr oedd y bywyd Cymraeg yn Llundain yn un byrlymus, allweddol, ac yn wrthrych eiddigedd i'r genedl adawyd ar ôl. Hon yn wir oedd Oes Aur Cymry Llundain!

Rhwng 1957 a 1964, fe gadwodd Hafina Clwyd ddyddiaduron sy'n ddrych byw o fywyd yn Llundain yn ystod y cyfnod y bu Ryan yno. Yn wir, roedd y ddau'n ffrindau da ac mae hi'n cyfeirio'n aml at Ryan wrth adrodd ei hanes yng nghanol berw'r *swinging sixties*.

Ym mis Awst 1959 y cawn ni'r cyfeiraid cyntaf at Ryan yn nyddiaduron Hafina, ac yntau yng nghwmni Rhydderch Jones mewn noson lawen gan Gymry Llundain yn yr Eisteddfod yng Nghaernarfon. Roedd y lle dan ei sang ac, ymhlith y miloedd, roedd Benji, ci y llenor Caradog Prichard, yng nghôl ei wraig Mattie, a'r tri'n mwynhau'r noson lawen. Yn sydyn, penderfynodd Benji ddangos ei werthfawrogiad o dalent Ryan drwy neidio o gôl Mattie i'r llwyfan, tra oedd Ryan yng nghanol meim y dyn bach ofnus efo het fowler ar ei ben a sbectols gwaelod pot jam, yn meimio bwyta tships mewn tafarn datws ddychmygol. Gwelodd Ryan y ci, rhoddodd y gorau i'r meimio a dechrau siarad gyda Benji. Atebodd yntau fel tae o'n deall pob gair. Roedd y gynulleidfa yn ei dyblau, ac yn ôl Hafina 'fe dynnwyd y lle i lawr.'

Y flwyddyn ganlynol, roedd y Genedlaethol yng Nghaerdydd a Chwmni Drama Cymry Llundain yn cystadlu – ac yn ennill – ar ôl beirniadaeth ganmoliaethus iawn gan John Gwilym Jones, a chanmoliaeth uchel i berfformiad Ryan fel y Cymro Cyffredin. Gyda'r nos, fe lwyddodd Ryan a chriw y Noson Lawen 'i wneud ffŵl o'r gynulleidfa', yn ôl Hafina. Wrth i'r llenni ar y llwyfan agor, roedd Ryan tu ôl i'r piano yn chwarae nodau agoriadol yr Anthem Genedlaethol, ac yn reddfol, fe gododd y gynulleidfa ar ei thraed. Yn sydyn, newidiodd y gerddoriaeth a llifodd criw y Noson Lawen i'r llwyfan dan ganu:

Eisteddwch i lawr, sdim rhaid i chi godi
Eisteddwch i lawr i'r hwyl ac i'r miri
O Bicadili daethom oll i Gaerdydd lon
O hen brifddinas Lloegr i brifddinas newydd sbon…

Ac, yn ôl Hafina,

eisteddodd y dorf, gan chwerthin a chymeradwyo'n braf wrth gael eu dal! Mae ein Nosweithiau Llawen yn enwog erbyn hyn, ac wrth gwrs mae cael Ryan a Rhydderch ac eraill yn gymorth. Eisteddwch i lawr i'r hwyl ac i'r miri.

Ac roedd digon o hwnnw i'w gael hefyd yng Nghlwb y Cymry yn Llundain, yn Gray's Inn Road. Bob nos Sadwrn fe gynhelid dawns, ac i'r rhai oedd yn medru canu, fe allech ymuno â'r côr neu'r cwmni drama os actio oedd eich bryd. Yma y byddai'r parti a ffurfiodd Ryan yn ymarfer: Bryn Richards, a ddilynodd Ryan ymhen hir a hwyr i Gaerdydd i fod yn gyfarwyddwr gyda'r BBC; Alun Davies, cefnder Ryan; a Ryan ei hun. Yn ôl Bryn, 'Ni fyddai Ryan yn disgwyl llai na pherffeithrwydd pan oeddem ni'n canu mewn cyngherddau, neu'n actio mewn sgetsys ar lwyfan y Noson Lawen. Doedd fiw i ni anghofio'n llinellau, neu fe fyddai'n flin iawn. Dim ond y safon ucha posib oedd yn ddigon da.'

Fe ganodd y Tri Taff, fel y galwai'r grŵp ei hun, am Anwen, Isabella, Mari Fach, a strydoedd Paris, ar label recordiau cwmni Delyse, ac fe ymddangoson nhw ar deledu du a gwyn hefyd yn 1964, y flwyddyn y dechreuodd BBC Cymru ddarlledu.

Mae'n amlwg o ddarllen y dyddiaduron fod Hafina a'r criw yn mwynhau eu hunain i'r eitha, fel y dengys y cyfeiraid hwn at barti yng nghhartre Caradog a Mattie Prichard ar 4 Tachwedd, 1959, fis ar ôl i Ryan gychwyn fel myfyriwr ifanc yn y Coleg Drama:

> Roedd Ryan a Rhydderch fel pe baent wedi'u weindio ac yn gwneud argraff ffafriol iawn ar Isabella Wallich. Eidales yw hi, a diddordeb mawr mewn cyhoeddi recordiau Cymraeg, y ddau yn cynffona drwy ganu cân 'O Isabella'. Noson o ganu, bwyta cawl – a phlesio Caradog wrth ganu rhan o'i bryddest i'r Afon.

Yn un o bartïon enwog Mattie Prichard y cyfarfu Ryan a Rhydderch â'r delynores o Rwsia oedd yn ffrind i Isabella Wallich, perchennog cwmni Delyse. Ei henw – Maria Korchinska. Cafodd Ryan a Rhydderch eu cyflwyno iddi ond, ar ôl eu clywed yn canu, ei sylw wrth Ryan oedd: 'You har hay verrrry hintrestink yong man – but you cannot play ze 'arp'! Beth bynnag am hynny, fe gafodd Ryan a Rhydderch gyfle i recordio i gwmni Delyse. Dyma record gyntaf Ryan ac mae'n ddiddorol darllen teitlau'r caneuon oedd ar *Welsh Fireside Songs*, yn ogystal â'r cyflwyniad bocs-siocledaidd ei naws ar glawr y record – 'Cymru' Gwenallt, 'Englynion Coffa Hedd Wyn', 'Minion Menai', 'Cywydd y Berwyn', 'Cerdd yr Hen Chwarelwr' W. J. Gruffydd, a 'Rhieingerdd' John Morris Jones:

> This selection of songs is an attempt to evoke the warm glow of a Welsh hearth in one of the lonely moorland or hill homesteads of the hinterland. For it was such an environment that gave them birth, and it is there they have flourished from time immemorial. The two young singers, Rhydderch Jones and Ryan Davies, are popular exponents of this art form.

Roedd galw mawr am wasanaeth Rhydderch a Ryan gan gymdeithasau capeli Llundain, ac fe fyddai'r ddau'n mynd i Charing Cross, King's Cross, Harrow a Finchley i gynnal cyngherddau, gan ganu cerdd dant. Weithiau byddai angen i'r cyflwyniad fod yn ddwyieithog, ac un noson, yn ôl y sôn, wrth geisio esbonio yn Saesneg y grefft o ganu cerdd dant, fe aeth Rhydderch ar goll. Eisteddodd Ryan ar y stôl, gyda'r delyn yn wynebu'r ffordd anghywir – yn fwriadol wrth gwrs. Wrth droi'r delyn i wynebu'r ffordd gywir, dechreuodd Rhydderch ar yr esboniad:

> He plays one hair on the 'arp, and then I count and I come in with a hair. But the hair he is playing and the hair that I am singing are not the same hairs, but they fit and we finish the two hairs together.

Gwelodd Ryan fod ei ffrind mewn trafferth ac fe ychwanegodd yn y fan a'r lle: 'So it's everybody for himself in the middle, and God help everybody at the end.'

Gwelwyd Ryan a Rhydderch ar deledu yn ogystal, yn canu ar ragleni TWW a'r BBC ac yng nghyngerdd Cymreig blynyddol y Royal Albert Hall. Yno am y tro cynta, ond nid y tro ola, y clywyd Ryan yn diolch i'r gynulleidfa am eu cefnogaeth, gan ychwanegu: 'Ladies and Gentlemen, I'd like to thank you all for coming, and to Albert for the loan of his Hall.' Roedd y Dywysoges Alexandra yn y gynulleidfa y noson honno. Does dim cofnod ar gael i nodi a wnaeth hi chwerthin ai peidio…

Roedd Ryan yn rhannu fflat gyda Rhydderch, a Huwcyn, cyfaill arall o ddyddiau'r Normal ac yn ôl dyddiadur Hafina, doedd 'na fawr o le i symud yno:

Mae o'n rhannu fflat efo Rhydderch a Huwcyn yn Croydon ac yn ôl yr hanes mae yno le garw! Ryan yn dweud ei hanes yn ceisio cysgu rhwng y ddau ac yn cael ei daflu i'r nenfwd fel cocyn hitio mewn ffair pan fyddai'r ddau arall yn troi. Fe gawsom ni barti y noson o'r blaen. Roedd 'na ugeiniau yma a'r wifren fyw oedd Ryan yn adrodd straeon a chanu. Ar y llwyfan y dylai fod, ac yr oedd ei ddisgrifiad o sanau Rhydderch yn ddigon i sigo sant… Ryan yn ei morio hi tan tua dau y bore, pan ddaeth curo megis daeargryn wrth y drws. Plismon! Y cymdogion yn cwyno'n hallt. Cymro glân oedd y plismon, a ddaeth i mewn, ac ymhen dau funud yr oedd ganddo beint yn ei law ac yn pwyso yn erbyn y piano cystal â neb. Pe bai dyn dreng y drws nesaf wedi gweld yr heddwas yn pyncio 'Moliannwn oll yn ll-o-o-on', a'i fawd dan ei fresus, byddai wedi colli pob ffydd mewn cyfraith a threfn.

Dechreuodd Hafina gadw 'Llyfr Ymwelwyr' ym mis Medi 1960, ac erbyn Chwefror 1961, yn ôl Hafina, 'mae ynddo dros ddau gant o enwau, gan gynnwys pobol fel Dewi Bebb, Hywel Teifi, Eirwyn George, Ray Smith, Peter Goginan… Pob un yn canmol y croeso a'r diwylliant!'

Ac roedd yna groeso cynnes bob amser gan y Cymry yn Llundain i gorau a phartïon o Gymru a fyddai'n ymweld â'r ddinas yn gyson. Roedd cyngerdd blynyddol Cymry Llundain yn llwyfan i dalent cerddorol gorau Cymry. Un flwyddyn gwahoddwyd Côr Treorci, Côr Godre'r Aran, pedwarawd Colin Jones, a'r unwadydd operatig Gwyneth Jones, ac arweiniwyd y noson gan yr actor Siân Phillips. Roedd Gwyneth Jones yn ymwelydd cyson â Chlwb Cymry Llundain a byddai ei hymweliad yn gyfle iddi hi a Ryan rannu atgofion am ddyddiau ysgol gyda'i gilydd yn Llanfyllin.

Gan fod Ryan yn perfformio cymaint yn ystod ei gyfnod yn Llundain, mewn nosweithiau llawen ac mewn cyngherddau ar deledu a radio yng Nghaerdydd, mae'n hawdd colli golwg ar y ffaith mai yn ei amser hamdden y byddai'n gwneud yr holl berfformio, ac mai athro ydoedd wrth ei alwedigaeth, yn ysgol St John's, yn Shirley, ger Croydon. Yn ôl Margaret Lewis, gweddw Gerallt Lewis, prifathro'r ysgol ar y pryd, roedd Ryan yn weithgar tu hwnt, yn gredwr cryf mewn disgyblaeth ac yn athro ysbrydoledig. Roedd gan Gerallt a Ryan y parch mwyaf i'w gilydd ac yn aml iawn byddai Gerallt yn gofalu am ddosbarthiadau Ryan ar bnawn Gwener er mwyn iddo ef allu mynd ar y trên i Gaerdydd i ymddangos ar y teledu neu'r radio.

Ond ar 2 Ebrill 1961, fe aeth Ryan ar daith yn ôl i ardal ei fagwraeth, yng nghwmni Irene Williams, ei gariad ers dyddiau ysgol, a'r diwrnod canlynol, 3 Ebrill, fe briododd y ddau yn y Tabernacl, Llanrhaeadr-ym-Mochnant – Ryan mewn *morning suit* ac Irene mewn ffrog sidan ifori â *bow* mawr ar y cefn. Fe dreuliwyd y mis mêl yn Ardal y Llynnoedd ac ar ôl pum niwrnod fe ddychwelodd y ddau i Gartre'r Dolydd yn Llanfyllin, lle arferai Ryan fyw.

Ar ôl dychwelyd i Lundain, roedd yn rhaid dechrau paratoi ar gyfer cynhyrchiad nesa Cwmni Drama Grays Inn Road, sef cyfieithiad Rhydderch Jones o'r ddrama *Offshore Island* gan Marghanita Laski. Trefnwyd fod Ryan a Rhydderch yn mynd draw i fflat y dramodydd i'w chyfarfod, a thrafod y ddrama. Buont yn trafod am oriau, yn rhannol oherwydd bod 'y *gins* a'r Martinis yn llifo', yn ôl eu cyfaill Iwan Thomas. Anghofiwyd am y ddrama, a dechreuwyd trafod y gynghanedd, ac yn wir roedd Marghanita'n gyfarwydd â gwaith Dafydd ap Gwilym! Sylwodd Ryan fod yna harpsicord yng nghornel yr ystafell ac i gloi'r noson, gyda bendith a chymeradwyaeth gan ei pherchennog, canodd y ddau 'Gywydd y Berwyn'.

Y flwyddyn ganlynol roedd Ryan wedi'i wisgo fel dynes ar gyfer y brif ran yn y ddrama *Charley's Aunt* yn Eisteddfod Llanelli, ac fe enillodd Cwmni Drama Cymry Llundain am y trydydd tro yn olynol, gyda chanmoliaeth uchel gan y beiriniad. 'Gŵyr hwn werth symud cyflym, amrywiaeth osgo a gall ddweud llawer â'i lygad, ac fe ŵyr yn dda werth saib. Actor naturiol mewn ffars a'i glyfrwch mawr fel actor yw ei amseru.' Cyd-ddigwyddiad, mae'n bur debyg, yw'r ffaith mai'r beirniad hael ei ganmoliaeth yn y gystadleuaeth oedd athro drama Ryan yn y Coleg Normal, Edwin Williams.

Dyma oedd y sylw yn nyddiadur Hafina Clwyd: 'Ryan yn destun siarad ar ôl ei berfformiad hysterig o ddoniol o'r hen fodryb yn *Charley's Aunt*, a chlywais si fod y BBC am ei ddwyn oddiarnom – go drapia.'

Roedd sail i'r si, oherwydd roedd Meredydd Evans wedi'i benodi y flwyddyn honno yn bennaeth Adran Rhaglenni Ysgafn y BBC yng Nghaerdydd, ac roedd eisoes wedi penderfynu mai ar y graig a elwid Thomas Ryan Davies y byddai'n sefydlu adran adlonaint ysgafn ar deledu yng Nghaerdydd, fel y gwnaethai'i fentor Sam Jones, un o brif arloeswyr radio ym Mangor, flynyddoedd ynghynt. Yng ngeiriau Merêd, 'Fe ddysgais fwy oddi wrth Sam Jones am grefft a thechneg perfformio na neb arall. Roedd gweld Sam yn gweithio yn hyfforddiant ynddo'i hun. Fy uchelgais yw gwneud cystal gwaith ar deledu ag a wnaeth Sam Jones, a mwy.' Ac fe wnaeth – a mwy. Does gan Geraint Stanley Jones, cyn bennaeth y BBC yng Nghaerdydd, ddim amheuaeth o gwbwl am bwysigrwydd cyfraniad Meredydd Evans i ddatblygiad teledu Cymraeg yng Nghymru: 'Fe ysbrydolodd ddyfodol nifer o bobol dros genhedlaeth gyfan, heb sôn am roi sail i orsaf deledu yn y pen draw. Fydde ganddon ni ddim S4C oni bai am y gwaith caled wnaeth Merêd.'

Mae'n ddiddorol darllen hanes Sam Jones yng nghyd-destun bywyd a chyfraniad Meredydd Evans. Yn ei lyfr, *Stand By!* sy'n adrodd hanes datblygiad rhaglenni ysgafn y BBC ym Mangor, mae R. Alun Ifans yn dadansoddi cymeriad Sam Jones. Gallai yr un mor hawdd fod yn disgrifio Merêd:

Roedd Sam yn athrylith cyn belled ag yr oedd deall dymuniad y gwrandawyr (gwylwyr) yn bod. Greddf yw hi… ac yr oedd y reddf ganddo i wybod beth fyddai'n plesio cynulleidfa… Roedd Sam yn ddyfeisgar, yn darparu'n dda, ac yn disgwyl yr un brwdfrydedd gan ei artistiaid â'i frwdfrydedd heintus ei hun… Arian byw o ddyn, weithiau'n wyllt ac yn gynhyrfus, ond trwy'r cwbwl yn gynhyrchydd yr oedd pob perfformiwr yn ymddiried ynddo… Yr oedd yn eilun i'r rhan honno o'r genedl oedd yn siarad Cymraeg, ac i nifer fawr yn

y proffesiwn a eisteddodd wrth ei draed ac a gafodd y
fraint o ddilyn ei gefnogaeth… Oddimewn i gyfundrefn
deuluol y gweithredai Sam Jones [fel Merêd]. Yr oedd
o'n disgwyl teyrngarwch diamod ac roedd cael gwneud
rhaglenni i Sam yn beth personol…. Dyma rai o'r geiriau
a ddefnyddiwyd i ddisgrifio Sam: brwdfrydedd, egni,
dychymyg, ysbrydoliaeth, gweledigaeth a greddf.

Roedd pob un o'r geiriau hynny hefyd yn wir am Merêd. Gweithio
i Merêd, nid i'r BBC, yr oedd y rhai hynny ohonom, fel Ryan a
minnau, a oedd yno ar y dechre. Ac yr oedd gennym anthem
hefyd, anthem a genid gydag arddeliad yng nghlwb y BBC ar
ddiwedd recordio pob rhaglen:

Hogia ni, hogia ni,
Tydi'r sgwâr ddim digon mawr i'n hogia ni.

Gallai Merêd ennyn ynoch y teimlad nad oedd dim byd yn
amhosib, a gwae unrhyw un a feiddiai feirniadu 'hogia ni' a'u
hymdrechion. Hwn felly, oedd y gŵr dylanwadol a fyddai'n newid
cyfeiriad bywyd Ryan unwaith ac am byth yn 1965.

Ond er fod poblogrwydd Ryan ar lwyfannau cyngerdd a noson
lawen ac ar y radio ar gynnydd, yn Eisteddfod Llanelli 1962 bu
adwaith cryf iawn yn y wasg Gymraeg yn erbyn pobol fel Ryan
a Rhydderch, Gwenlyn Parry a Hafina Clwyd, sef y Cymry yn
Llundain: pobol a ddisgrifiwyd gan Neil Jenkins yn *Y Faner* ar y
pryd fel 'haid uchelgeisiol sy wedi gwerthu'u genedigaeth-fraint
am swyddi breision yng ngwlad y Sais'. Atebwyd y cyhuddiad o
'fradwriaeth' yn ddiflewyn ar dafod yn y papur gan Hafina, a
oedd erbyn 1962 yn ysgrifennu colofn gyson i'r *Faner* o dan yr
enw 'Llythyr Llundain':

Ein trosedd yw ein bod yn fradwyr. Wedi bradychu Cymru trwy ei gadael. Y mae chwarter miliwn ohonom. Beth pe baem i gyd yn mynd i Gymru ac eisiau gwaith, cartrefi ac adloniant? Ond gwell gan y bechgyn hyn fod ar y dôl yng Nghymru nag yn atharwon yn Lloegr, meddent. Sentiment ddewr iawn. Datganaid sy'n dangos na wyddant ddim am fyw ar y plwy. Dywedais wrthynt am stwffio'u culni diwyllianol a'u gorwelion cyfyng, a'u hilyddiaeth.

Atebwyd Hafina yn ei thro gan Neil Jenkins drwy gyfeirio'n benodol at y ddrama *Charley's Aunt*, yr ymddangosodd Ryan ynddi:

Beth a ddanfonasoch atom ni'r ogofawyr yn Eisteddfod Llanelli eleni? Wesker? Osborne? Nage! *Charley's Aunt*. Cedwch eich blydi diwylliant os cyfrwng ffarslyd yn unig yw'r Gymraeg i chi.

Er iddi, yn gyhoeddus, amddiffyn ei chyd-Gymry yn Llundain, yn breifat roedd gan Hafina gydymdeimlad â'r feirniadaeth. 'Mae nhw i gyd yn dweud llawer o'r gwir – (ond nid wyf yn mynd i gyfaddef hynny dros fy nghrogi), a gwelaf yn eglur fod ar Gymru ein hangen i "sefyll yn yr adwy", ac mae hi'n ddilema fawr i lawer un.'

Ond beirniadaeth neu beidio, y flwyddyn ganlynol roedd Cymry Llundain yn ôl ar lwyfan yr Eisteddfod Genedlaethol yn Llandudno, gyda Ryan yn chwarae cymeriad Morgan Llwyd, y brif ran yn nrama John Gwilym Jones, *Hanes Rhyw Gymro*. Gyda'r nos, yn y Pafiliwn, roedd y criw yn cynnal eu Noson Lawen, un o uchafbwyntiau blynyddol yr Eisteddfod, ac fel rhan o'r adloniant, cynhaliwyd seremoni answyddogol i gadeirio'r bardd. Rhydderch Jones oedd yr Archdderwydd a'r bardd buddugol, gyda'r ffugenw Eldorado, oedd neb llai na'r dramodydd Gwenlyn Parry. Enw ar hufen iâ poblogaidd ar y pryd oedd Eldorado; mae'r ffaith honno'n allweddol i'r hanes.

'Ar ganiad y Corn Gwlad, a wnaiff Eldorado, ac Eldorado yn unig, sefyll ar ei draed.'

Canwyd y cyrn, a safodd Eldorado: neb llai na Ryan, wedi'i wisgo fel *usherette*, mewn *wig* blond, sgert fer wen a hambwrdd yn llawn hufen iâ o'i flaen. Trodd at y ddynes yn y sêt agosa a gofyn: 'Eldorado, cariad? *Choc ice*, bach?' Cyn iddi gael cyfle i ateb, fe welodd yr *usherette* ddau o aelodau'r Orsedd yn dod i'w chyrchu i'r llwyfan, a meddyliodd eu bod nhw am ei lluchio allan. Felly, fel roedden nhw'n cerdded amdani, dechreuodd gamu am yn ôl. Erbyn hyn roedd y gynulleidfa yn eu dyble wrth weld Ryan yn rhedeg rownd y Pafiliwn, yn ceisio dianc oddi wrth y cyrchwyr a gweddill yr Orsedd, oedd erbyn hyn wedi gadael y llwyfan ac ymuno yn yr helfa. Flynyddoedd yn ddiweddarach, byddai'r flonden â'r dafod barod yn ailymddangos yng nghyfres Ryan a Ronnie, fel Phyllis y *barmaid*.

Penderfynodd penaethiaid y BBC yng Nghaerdydd y dylid rhoi cyfle i dalentau Cymry Llundain ymddangos ar y sgrin. Felly aeth Ryan ati i ysgrifennu *musical review*, y gyntaf o'i bath yn y Gymraeg. *Gwanwyn yn y Ddinas* oedd teitl y rhaglen oedd wedi'i lleoli yn Llundain. Safai Ryan y tu allan i Balas Buckingham yn ei lifrai coch a chlamp o Busby enfawr ar ei ben, a honno'n amlwg yn rhy fawr iddo. Mae'n smocio ar y slei, ac ar ôl gorffen y sigarét mae'n canu cân ysgafn am y bobol bwysig sy'n mynychu'r palas. Erbyn diwedd y gân mae gwên freuddwydiol ar ei wyneb, ac mae'n dechrau dychmygu ei fod ef a dau o'i ffrindiau, aelodau o'r grŵp y Tri Taff, yn crwydro o amgylch strydoedd Llundain, fel pe mewn breuddwyd, ac yn dod o hyd i dair merch ifanc, sy'n ymuno yn y canu a'r dawnsio. Ond fel pob breuddwyd mae hi'n dod i ben gyda Ryan yn dal i sefyll y tu allan i Balas Buckingham.

Yn ôl un o bapurau Llundain roedd y rhaglen yn 'Gem of a programme. It showed that if a real effort is made, something genuinely Welsh can be translated to the sophisticated TV idiom with complete aplomb.' Dyna eiriau diduedd y *London Welshman*! Negyddol iawn oedd ymateb y BBC i'r rhaglen. Yn ôl *Y Cymro*, cyfrwng oedd y rhaglen mewn gwirionedd i ddangos talentau amrywiol Ryan fel actor a chanwr mor amryddawn: talentau y gwyddai Meredydd Evans yn bendant ar ôl gweld y rhaglen, a fyddai'n ganolog i'w fwriad o gasglu ynghyd gwmni o berfformwyr proffesiynol a fyddai'n sail i adran newydd sbon oddi mewn i'r BBC yng Nghymru – Adran Adloniant Ysgafn – ac yntau'n bennaeth arni.

Eisoes yr oedd Cymru'n mwynhau rhaglenni ysgafn TWW – Television Wales and the West – yn enwedig *Gwlad y Gân* ar nos Sul gydag Ivor Emmanuel. Yn wir, roedd TWW wedi arbrofi cyn hynny, gyda chwisiau fel *Taro Deg* a *Pwy Fasa'n Meddwl?*

Yna, ar 6 Chwefror 1964, cyhoeddodd *Y Cymro* y byddai 'gwasanaeth teledu newydd y BBC yn cychwyn y Sul nesaf'. Ac un o'r rhaglenni cyntaf oedd *Hep Hep Hwrê*. (Hep! Dyna oedd gair y chwedegau am fod yn cŵl!) Yn y rhaglen gyntaf, ymddangosodd y Tri Taff – Alun, Bryn, a Ryan; Russ Jones a'i fand o Bontarddulais; Charles Williams; a chwech o ferched o Gaerdydd, yn canu dan yr enw Teledis – ymhell cyn i neb glywed am y Spice Girls! Ar TWW y gwelwyd *Siôn a Siân* am y tro cyntaf, yn cael ei gyflwyno gan Dewi Richards a Meriel Griffiths, gwraig y neidiwr hir o Nant-y-moel, Lyn 'The Leap' Davies. Yna, ddiwedd 1964, roedd pawb yn gweiddi *Hob y Deri Dando*, gydag Aled a Reg, y Gwerinos o Aberystwyth, a'r Proffwydi o Gaerdydd, efo Hogia'r

Ddyfi, a Phylip Hughes. Fe ymddangosodd Ryan yn achlysurol yn ystod 1965 ar y gyfres *Stiwdio B*, y gyfres yr oedd Ronnie'n ei chyflwyno. Ar Ddydd Gŵyl Dewi 1965, fe roddwyd Cymru a'r Cymry a'u traddodiadau o dan chwyddwydr dychanol y rhaglen honno, ac fe fu Ryan wrthi'n cael hwyl am ben ambell i delynor gorddramatig. Er ei fod ar y pryd yn dal yn athro penigamp yn Croydon, roedd yn ymwelydd cyson â stiwdios radio a theledu y BBC yng Nghaerdydd, a stiwdios TWW yno'n ogystal. Fel roedd nifer y rhaglenni ar y BBC a TWW yn cynyddu, yn naturiol, roedd mwy o alw am ei wasanaeth. Bellach roedd yr ysgrifen ar y bwrdd du yn datgan fod ei ddyddiau o flaen y dosbarth yn dirwyn i ben, a seiliau'r berthynas a fyddai'n esgor ar gyfnod euraidd yn hanes adloniant yng Nghymru, ar y teledu ac ar lwyfan, yn prysur agosáu.

Ar 27 Medi 1965, arwyddodd Ryan gytundeb blwyddyn gyda'r BBC, am fil o bunnau, y cytundeb cynta o'i fath yn hanes darlledu Cymraeg. Bellach roedd y ddau o dan yr unto: Ryan yn perfformio ar y radio a'r teledu bob awr o'r dydd a'r nos, a Ronnie'n gweithio yn yr adran gyflwyno, yn darllen y newyddion, ac yn gwneud peth cyflwyno hefyd.

Ymhen dwy flynedd byddai'r ddau yn un – un ffenomenon ar lwyfannau Cymru, na welwyd mo'i thebyg gynt na chwedyn.

'Foneddigion a boneddigesau… Ryan a Ronnie!'

Ronnie, ei chwaer Rhoda, a'i rieni, May a Iori.

Ronnie yn dechrau yn y Coleg Cerdd a Drama yng Nghaerdydd.

Priodas Einir a Ronnie yn Llangwm, 1961.

Ronnie ac Einir yn Llundain, 1958.

Pedair cenhedlaeth: Arwel, mab bychan Ronnie, gyda'i dad a'i fam-gu a'i hen dad-cu yn 1963.

Iori a May Williams gyda'u hŵyr bach, Arwel.

Bethan ac Arwel, plant Ronnie.

Ronnie a'i dad, Iori, yn edrych ar eiriau 'caredig' y Wasg.

Llun gwerthfawr o Ronnie a'i dad, Iori, yn canu gyda'i gilydd.

Llygad am ddelwedd dda, Ronnie'n cyfarwyddo.

Ronnie yng nghyfnod Dyffryn Films.

Yr *impressario* a'i gydweithiwr: Ronnie gyda Robin Rollinson adeg Dyffryn Films.

Yn y stiwdio radio.

Cyflwyno *Stiwdio B* cyn dyddiau dod yn hanner deuawd.

Gweithio fel cyflwynydd ar y radio.

Chwarae rhan newydd: y tafarnwr llon...

Ronnie'n holi Cliff Richard yn nyddiau *Heddiw*.

Criw bytholwyrdd *Licyris Olsorts*. O'r chwith i'r dde: Glanffrwd Jones, Martin Griffiths, Morlais Thomas, Ronnie ac Elwyn Williams.

Mas ar manwfyrs fel Dan Bach y Blagard yn *Licyris Olsorts*.

'Discs at Dawn'

Sicrwydd neu sialens. Dyna'r dewis a wynebai Ryan yn 1965. Sicrwydd swydd dda fel athro yn Llundain, gyda'r posibilrwydd cryf y byddai'n brifathro yn y dyfodol agos, neu'r sialens o ennill ei fywoliaeth fel perfformiwr, gan wybod mai dim ond cytundeb blwyddyn oedd yn cael ei gynnig iddo. Gwyddai Irene, ei wraig, fod ei gŵr yn berfformiwr wrth reddf.

> Roedd actio a chanu a diddori pobol yn ei waed – yn rhan annatod o'i wead. Gwyddai Ryan y byddwn yn cefnogi'i benderfyniad, beth bynnag fyddai hwnnw, ac roeddwn i hefyd yn gwybod y gallai bob amser ddychwelyd i fod yn athro os na fyddai'n llwyddo fel perfformiwr.

O gofio ein bod ni'n sôn am y perfformiwr mwyaf cyflawn a welodd Cymru erioed, mae'n anodd credu fod angen unrhyw drafod ar bwnc doethineb symud o Lundain i Gaerdydd ac o fyd addysg i fyd y cyfryngau. Ond drwy gydol ei oes fel perfformiwr, byddai Ryan bob amser yn trafod unrhyw gynnig a gâi gydag Irene, yn parchu'i barn a'i chyngor ac yn ei dderbyn, fel arfer. Felly ar ôl penderfynu ar y cyd mai gadael Llundain am Gaerdydd oedd y cam nesaf yn eu bywydau, erbyn mis Mai y flwyddyn ganlynol, roedd Irene, Ryan, a'u merch fach flwydd oed Bethan, wedi symud o Croydon, i Hafod y Gân, eu cartre newydd yn ardal Sain Ffagan ar gyrion Caerdydd. Addaswyd y garej a'i throi'n stydi, lle byddai Ryan yn ymlacio ac yn cyfansoddi, yn darllen ei sgriptiau ac yn dwdlo. Beth fyddai gwerth dwdls Davies, mewn ffrâm, erbyn heddiw tybed?

Mae Bethan yn cofio mai yn Hafod y Gân yr oedd y teledu lliw cynta, a'r recordydd fideo cyntaf, yn y stryd. Byddai Ryan yn gwylio'i berfformiadau'i hun ar y peiriant, nid er mwyn pleser ond er mwyn eu dadansoddi – gweld beth oedd yn gweithio o safbwynt y comedi, a beth oedd ddim cystal.

Roedd Meredydd Evans uwchben ei ddigon. O gwmpas talentau amrywiol ac amryddawn Ryan, gallai greu tîm o berfformwyr proffesiynol, a fyddai ar gael unrhyw ddydd o'r wythnos, yn hytrach nag ar benwythnosau'n unig, fel y bu hi pan oedd y radio a'r teledu'n dibynnu ar dalent amatur. Margaret Williams, Bryn Williams, Mari Griffith, Gaynor Morgan Rees, Janice Thomas ac, yn nes ymlaen, Myfanwy Talog a Sue Roderick. Byddai pob un o'r perfformwyr hyn yn ymddangos gyda Ryan yn eu tro ac yn nes ymlaen, ar raglenni *Ryan a Ronnie*.

Cyhoeddodd *Y Cymro* y newydd am gytundeb Ryan gyda'r BBC, drwy ei ddisgrifio fel 'asgwrn cefn Noson Lawen Cymry Llundain' a chan ddangos llun ohono'n gwenu'n foddhaus yng nghwmni ei gyfaill pennaf, Rhydderch Jones – oedd hefyd wedi penderfynu gadael ei swydd fel athro yn Llanrwst i ymuno â'r BBC fel cyfarwyddwr, a thrwy hynny sicrhau y byddai ef a Ryan yn gweithio gyda'i gilydd yn creu rhaglenni ysgafn.

Prin fod yr inc wedi sychu ar y cytundeb nad oedd Ryan wedi dechrau ennill ei bres drwy ymddangos gyda Charles Williams ar gyfres o raglenni ysgafn dan y teitl *O Lan i Lan*, oedd yn ymweld â threfi a phentrefi Cymru. Doedd perfformiad Ryan ddim wedi boddhau'r beirniaid teledu fodd bynnag. Cyfeiriwyd at 'gynildeb actio Charles', ond 'goractio Ryan', gan gyfeirio'n benodol at y cymeriad bach ofnus a grëwyd gan Ryan, oedd yn gwisgo het fowler, pâr o sbectol rhy fawr, a siwt dynn oedd lawer yn rhy fychan.

Gwelwyd y cymeriad am y tro cyntaf, fel y cyfeiriwyd eisoes, flynyddoedd ynghynt, yn meimio bwyta chips mewn nosweithiau llawen yn Llundain, a hwyrach fod perfformiad Ryan, fel y gallai fod ar brydiau, yn gweddu'n well i ehangder y llwyfan yn hytrach na chyfyngder y sgrin fach.

Gan mai prin oedd y perfformwyr proffesiynol a oedd ar gael yn y cyfnod hwnnw yn hanes teledu adloniannol Cymraeg, roedd yr un wynebau'n ymddangos yn aml iawn, a neb yn amlach na Ryan. Ar ôl mynd o lan i lan, fe gamodd i'r stiwdio deledu i weiddi *Hob y Deri Dando*, ac roedd y beirniad-anodd-ei-blesio erbyn hyn yn canmol 'bywiogrwydd Ryan Davies, oedd fel pe bai'n ymledu'n heintus i'r gynulleidfa o bobol ifanc yn y stiwdio.' Gellid dweud mai fersiwn deledu Meredydd Evans o *Noson Lawen* Sam Jones oedd *Hob y Deri Dando*. Henffasiwn, traddodiadol a phoblogaidd iawn ei hapêl oedd y rhaglen: y gynulleidfa'n eistedd fel plant da ar fyrnau gwair, yn cymeradwyo, gwenu a chlapio yn y mannau cywir. Ond erbyn canol y flwyddyn nid 'Hob y Deri Dando' oedd y gri, ond yn hytrach *Disc a Dawn*, a honno'n rhaglen oedd yn cystadlu yn erbyn *Juke Box Jury* ar BBC1. Y gwir oedd fod y disgiau a'r ddawn yn brin iawn bryd hynny a, chredwch fi, rydw i'n siarad o brofiad!

Ar ôl y rhaglen hanesyddol gyntaf honno, meddai ein ffrind, y beirniad teledu, 'Yn naturiol wrth arbrofi gyda pherfformwyr newydd fel y gwneir yn *Disc a Dawn*, fe geir ambell i gam gwag, a'r cam gwacaf o'r cwbwl yr wythnos hon oedd perfformiad y grŵp a elwir Yr Eiddoch yn Gywir.' A phwy oedden nhw? Neb llai nag Endaf Emlyn, Derek Boote… a minnau. Sut ddaru'r ddau arall gytuno y cawn i ymuno â'r grŵp, dwn i ddim, o gofio nad oeddwn i'n medru chwarae'r cordiau cywir. I aralleirio brawddeg enwog Eric Morecambe yn y sgets lle mae'n cael ei feirniadu'n hallt gan Andre Previn, arweinydd byd-enwog y London

Symphony Orchestra, am chwarae nodau angywir ar y piano, meddai Morecambe, a'i drwyn yn cyffwrdd blaen trwyn Andre Previn: 'Listen sunshine, I was playing the right notes – but not neccesarily in the right order.'

A dyna roeddwn inna'n deimlo am fy mherfformiad yn stiwdio *Disc a Dawn*. Beth bynnag, dyna ymddangosiad cyntaf ac olaf y grŵp hwnnw ar deledu Cymraeg! Ond, fe gafodd Endaf a minnau dasg gan Ruth Price, cynhyrchydd *Disc a Dawn*, i fynd allan i glybiau nos y ddinas i geisio perswadio pobl ifanc i ddod i'r stiwdio i ddawnsio i sŵn y gerddoriaeth. Cofiaf i ni geisio mynd i mewn i un clwb, yn Canton, heibio i fownsar mawr, tywyll ei groen a bygythiol ei ymarweddiad. Esboniwyd i'r cyfaill cyhyrog ein bod yn cynrychioli BBC Cymru ac eisiau dawnswyr ar gyfer y rhaglen.

'What sort of a programme, is that then, like?'

'Well. It's a programme of pop music in Welsh, called *Disc a Dawn*.'

'Discs at Dawn,' meddai, gan ynganu 'dawn', fel tae o'n sôn am doriad gwawr, 'Christ. I'm Welsh, like, and I never 'eard of it.'

Dydw i ddim yn cofio a fu Endaf a minnau'n ffodus i ddenu merched y clwb i'r stiwdio deledu ai peidio. Ond mae'n rhaid ei bod hi wedi bod yn brofiad go ryfedd ceisio dawnsio i 'Trên Bach yr Wyddfa' Hogia Llandegai, neu 'O na bai Cymru'n rhydd' Gwenan a Glenys, neu hyd yn oed 'Caneuon Serch' y Pelydrau, a chithau wedi arfer â gwrando ar gerddoriaeth y Monkees: 'I'm a Believer', y Beatles: 'All You Need is Love', heb anghofio'r Foundations a 'Now That I've Found You'. Doedd dim golwg o'r caneuon yna yn Siartiau Deg Ucha'r Cymro, na dim sôn chwaith am ganeuon a recordiodd Ryan y flwyddyn honno i gwmni'r Dryw, sef 'Rheiffordd Tal-y-llyn', 'Ddoe mor bell', a 'Galw arnaf i'. Gellid dweud fod geiriau agoriadol y gân olaf – 'Galw arnaf i, ac mi ddof' – yn disgrifio i'r dim ymateb Ryan i unrhyw gynhyrchydd a oedd yn galw am ei wasanaeth. Ni fu'n un am wrthod gwaith, er fod rhai wedi awgrymu iddo ymhen blynyddoedd y dylai arafu ac ymbwyllo a pheidio â gweithio mor galed.

O fy mlaen ar y bwrdd yn y llyfrgell ganolog yng Nghaerdydd mae rhestr a gopïwyd o'r *Cymro* o rai'n unig o'r rhaglenni y bu Ryan yn ymddangos ynddyn nhw yn ystod 1966: cyflwyno *Hob y Deri Dando*, ymddangos mewn dwy gyfres gomedi: *O Lan i Lan* ac *Igam Ogam*, canu dwy gân ar y rhaglen *Lloffa*, actio mewn fersiwn radio o ddrama Cynan, *Absalom fy Mab*, heb sôn am berfformio ar lwyfan Eisteddfod Aberafan yn nrama Huw Lloyd Edwards, *Pros Kairon* – ei ran gynta ar lwyfan fel actor proffesiynol, a chyflwyno sawl cyngerdd bop a noson lawen. Fel gwenynen fechan heb amser i oedi, gwibiai Ryan o raglen i raglen.

Ond doedd bywyd ddim yn fêl i gyd i'r wenynen brysur o Lanaman, ac ym mis Mai 1966, bu farw tad Ryan. Yn ôl y rhai oedd yn adnabod y ddau, roedd y tad a'r mab fel dau frawd, a bu ei dad yn ddylanwad cerddorol mawr ar Ryan. Yn ôl Nans, mam Ryan, 'Os oedd cerydd i fod, fi oedd yn ei roddi – chafodd e rioed gerydd gan ei dad.'

Claddwyd William Thomas Davies ym mynwent Hen Fethel, Glanaman, wrth droed y Mynydd Du. Ychydig a feddyliai'r teulu ar y diwrnod trist hwnnw y byddent yn dychwelyd mor gymharol fuan i'r un fynwent i gladdu'r mab, a oedd i farw'n llawer rhy gynnar brin un mlynedd ar ddeg yn ddiweddarach.

Ar yr unfed ar hugain o Hydref 1966, roedd mynydd du arall yn y newyddion – y mynydd uwchben Aber-fan a lithrodd i lawr i'r pentre a thrwy ffenestri ysgol Pantglas. Ronnie Williams oedd y cyhoeddwr ar ddyletswydd y diwrnod hwnnw a thrwy'r nos, ei wyneb syber ef a welwyd ledled Cymru ar y teledu du a gwyn, yn darllen y bwletinau newyddion ac yn derbyn adroddiadau cyson gan newyddiadurwyr ym mhentref Aber-fan.

Ar wahân i ddarllen y newyddion yn gyson ar y teledu, roedd Ronnie hefyd yn gweithio fel cyflwynydd, a phan ddychwelodd y gyfres ddychanol *Stiwdio B* i'r sgrin ar ddechrau 1967, cafodd Ronnie gyfle i ddangos ei fod nid yn unig yn gyflwynydd crefftus ond hefyd yn ddynwaredwr craff, fel y dangosodd ei ddynwarediad deifiol o agos at y gwreiddiol o Cledwyn Hughes.

Yn rhannol oherwydd ei ymddangosiad ar *Stiwdio B*, fe wahoddwyd Ronnie i ymddangos mewn sioe ddychan yn un o Eisteddfodau Cenedlaethol mwyaf cofiadwy'r ugeinfed ganrif – Eisteddfod Genedlaethol y Bala 1967. Hon oedd yr eisteddfod lle gwelwyd Ronnie Williams a Ryan Davies yn perfformio am y tro cyntaf fel y ddeuawd gomedi Ryan a Ronnie. Ond cyn i ni fynd i'r Maes i'w gweld yn perfformio, dewch i ni hel atgofion am y Steddfod honno, yng nghwmni rhai o'r bobol oedd yno.

Eisteddfod y cariad rhad

Haf 1967 oedd haf y blodau a'r hipis a rhyddid dilyffethair i wneud unrhyw beth gydag unrhyw un. Os oeddech chi'n mynd i San Francisco, yna, yn ôl y rhybudd yng nghân Scott Mckenzie, 'You'd better wear some flowers in your hair', oherwydd yn San Francisco yn ôl Scott, 'Summertime will be a love-in there'.

Ond doedd dim rhaid i chi fynd i San Francisco (lle roedd chwarter miliwn wedi ymgynnull i brotestio yn erbyn y rhyfel yn Vietnam) i deimlo'r 'strange vibration, across the nation'. Cynhyrfwyd y dyfroedd yn ardal y Bala flwyddyn ynghynt, lle derbyniwyd cwyn gan aelodau cangen y Parc o Sefydliad y Merched am y diffyg defnydd o'r iaith Gymraeg yng ngweithgarwch y mudiad. Penderfynwyd y dylid cychwyn cymdeithas newydd i ferched a fyddai'n rhoi mwy o urddas i'r Gymraeg a dyna sut y daethpwyd i sefydlu canghennau o Ferched y Wawr yn y Bala ac yn y Ganllwyd. Ar faes yr Eisteddfod Genedlaethol yn y Bala yn 1967, bedyddiwyd y mudiad yn swyddogol gan Zonia Bowen, Gwyneth Evans a Kitty Ewards.

Heb os roedd Eisteddfod y Bala – a gostiodd £68,000 – yn hanesyddol am fwy nag un rheswm, ac roedd pob math o brofiadau rhyfeddol a chynyrfiadau cofiadwy i'w teimlo, fel y tystia Vaughan Hughes, y darlledwr a'r golygydd. 'Y Steddfod orau y bues i ynddi erioed a'r un gynta i mi ei mynychu am yr wythnos ar ei hyd. *Make love not war* oedd adnod fawr yr haf hwnnw, a chyda help merch ffarm o Faldwyn, athrawes o Glwyd a llyfrgellwraig o Ddyfed – dyna wnes i.' Dydi Vaughan ddim yn cofio ai yn y drefn honno y digwyddodd pethau, chwaith!

Yn ôl yr hanesydd John Davies, 'Tua chanol y chwedegau symudodd yr adloniant Cymraeg dros nos bron allan o festri'r capel ac i mewn i'r dafarn, neu efallai yn ôl iddi, a chafwyd tystiolaeth, drachefn, o gwrwgarwch cynhenid y Cymry.' Do'n sicr mi ddigwyddodd, a hynny ar strydoedd y Bala gyda'r nos. Yn ôl un llythyrwr blin yn Y *Faner*, mewn llythyr wedi'i anelu'n uniongyrchol at yfwyr a thancwyr yr Eisteddfod:

Rydych mor haerllug gyda'ch gwydrau, a'ch sŵn, a'ch yfed di-stop. Llu ohonoch tu mewn i'r bar a thu allan fel nad oedd lle i bobol basio. Roeddech yn fwrn.

Taranodd Gwyndaf, yr Archdderwydd, o'r Maen Llog yn erbyn yr yfed trwm, gan ychwanegu, 'Gobeithio y cawn ni, yn ogystal â thywydd sych, eisteddfod sych hefyd.' Ni wireddwyd ei obeithion. Cafwyd ychydig o drwbl yn y Llew Gwyn, lle roedd Tawe Griffith yn arwain y canu, pan ddechreuodd criw o'r gorllewin geisio tarfu ar y noson drwy weiddi a chadw reiat. Ia! Yr hen Gardis 'na. Pam na fedran nhw fihafio fel pobol Sir Fôn?

Adroddwyd yr hanes yn y *Daily Post* a beirniadwyd y llanciau anystywallt am eu hymddygiad, ond yn ôl adroddiad I. B. Griffith, ar y rhaglen *Heddiw* o'r tu allan i'r White Lion, 'Criw o hogia ardderchog ydi'r cwsmeriaid tu mewn, sy'n canu emynau.'

Efallai mai ar ôl noson o yfed trwm y penderfynodd rhywun ar Faes B roi taw am byth ar glochdar boreol y ceiliog powld oedd yn deffro'r gwersyllwyr lawer yn rhy gynnar. Yn ôl Lyn Ebenezer, a oedd yn cydwersylla y flwyddyn honno gyda'i ffrind Peter Goginan, ar Faes B:

Roedd pawb yn bihafio'n wallgo – cwbwl wallgo. Doedd 'na ddim trefn o gwbwl. Yr hwyl penna oedd mynd o gwmpas yn torri rhaffau pebyll gwersyllwyr ifanc, ac yfed a chanu tan oriau mân y bore.

A dyna pam yr oedd dyddiau'r ceiliog wedi'u rhifo. Oherwydd pan ddoi'r canu a'r yfed i ben tua phump y bore, a phawb yn cropian yn ôl i'w pebyll, byddai'r ceiliog, a oedd eisoes wedi cael noson dda o gwsg, yn dechrau clochdar. Felly fe ddysgwyd gwers iddo – a'i blufio'n fyw.

Mae'n werth nodi fod cyfleusterau ar y maes carafanau dipyn yn well y flwyddyn honno, ac am y tro cyntaf erioed roedd cwmni Hoover yn cynnig gwasanaeth golchi dillad mewn pabell ar y Maes lle roedd 'na beiriant a phowdr golchi. Ond roedd 'na geiliogod ifanc ar Faes yr Eisteddfod hefyd. Fe rybuddiwyd y genedl eu bod nhw ar eu ffordd i'r Ŵyl ers y Pasg, gyda phosteri yn rhybuddio ieuenctid Cymru: 'Mae'r Blew yn dod'. Ac fe ddaethant, ar wahoddiad ysgrifennydd y Pwyllgor Llên, Elfyn Pritchard, ynghyd â Geraint Bowen.

Penderfynwyd cynnal cystadleuaeth ysgrifennu cân ysgafn a chael y feirniadaeth gan Gwyn Williams ac Alwyn Samuel yn y Babell Lên. Ond yn ogystal â hynny gwahoddwyd grwpiau pop y dydd i'r babell i ganu. Yn eu plith, y Cwiltiaid, y Derwyddon, y Pelydrau, Dafydd Iwan a'r Blew. Dyma'r grŵp pop trydanol cynta i ganu roc yn y Gymraeg a'r grŵp roc ola i ganu yn y Babell Lên – lle cawsant groeso anhygoel, yn ôl Elfyn Pritchard, 'Roedd y lle yn llawn dop.' Ac os oedd un neu ddau o'r beirdd yn lleisio'u hanfodlonrwydd, fe foddwyd eu gwrthwynebaid gan sŵn gitâr flaen Richard Lloyd, allweddellau Dave Williams, drymiau Geraint Evans, llais Maldwyn Pate, a gitâr fas Dafydd Evans, mab Gwynfor Evans – oedd wedi cipio sedd Caerfyrddin i'r Blaid flwyddyn union ynghynt. Doedd gan y Blew ddim byd i'w ddweud wrth y grwpiau oedd yn rhannu'r un llwyfan â hwy yn yr Eisteddfod – 'rhy neis-neis a henffasiwn' oedd un feirniadaeth ganddynt, a theimlai Dafydd Evans fod angen sŵn gwahnaol ar y Cymry ifanc:

Mae'n hen bryd i rywun ddechrau sgrechian mewn
Cymraeg sâl er mwyn y bobol ifanc na chlywson nhw
erioed neb yn canu caneuon fel rhai'r Beatles a'r Rolling
Stones yn y Gymraeg.

Dair blynedd cyn i'r Eisteddfod ymweld â'r Bala, roedd y
cylchgrawn dychanol *Lol* wedi cael ei sefydlu gan Robat Gruffudd
a Penri Jones. Yn wreiddiol, roedd *Lol* wedi cael ei greu er mwyn
i bobl ifanc gael cylchgrawn ysgafn, poblogaidd i'w ddarllen, ond
roedd y trydydd rhifyn, a aeth ar werth ar faes Eisteddfod y Bala,
yn cynnwys erthyglau a sylwadau a lluniau llawer mwy dychanol.
Un o'r lluniau hynny gododd wrychyn y cyn-Archdderwydd
Cynan, a oedd wedi ei benodi'n ddarllenydd Dramâu Cymraeg.
Mewn gair – fo oedd y sensor, a phenodiad Cynan i'r swydd honno
a barodd i ddychanwyr *Lol* gyhoeddi llun o ferch ifanc, yn dwyn
yr enw 'Shan', ar un o'r tudalennau, gyda'r gair 'sensor' ar draws
ei bronnau noeth. Ond yn ogystal â'r gair 'sensor', roedd 'na dri
gair llai eu maint wedi creu mwy o stŵr. Tri gair oedd yn dangos
nad oedd 'pob beirniadaeth drosodd a phawb yn canu clod' ac yn
awgrymu – 'Ella'i fod o'n hen – ond dydi o ddim yn barchus'. A'r
tri gair hynny, ar draws y llun o Shan fronnog, ond ychydig yn is i
lawr, oedd 'Bu Cynan Yma'.

Roedd y geiriau'n enllibus ac yn awgrymu fod Cynan yn
ferchetwr, yn ôl Brinli, cyfreithiwr yr Eisteddfod, oedd yn
gweithredu ar ran Cynan; mynnai yntau iawndal i'w dalu i gronfa
elusennol o'i ddewis ef. Tra oedd yr achos yn parhau, a chyn y
ddedfryd, roedd *Lol* yn gwerthu'r cylchgrawn fel ag yr oedd drwy
ddrws cefn eu pabell ar y Maes ac, er bod y cwmni wedi cael hanner
can punt o ddirwy (£500 yn ôl arian heddiw) a'u gorchymyn i gael
gwared o'r dudalen a oedd wedi achosi poen a phryder i Cynan,
roedd cannoedd o gopïau eisoes wedi'u gwerthu, a bocs gyda'r

geiriau Cronfa Elusen Cynan, ar flaen y babell, yn gorlifo o arian, sef rhoddion gan gefnogwyr y wasg a'r cylchgrawn.

Diolch i Cynan, fe werthwyd mwy o lawer o'r cylchgrawn na phe bai'r sensor wedi cadw'n dawel ac fe allai Robat Gruffudd, perchennog gwasg y Lolfa, fod wedi dyfynnu geiriau Cynan sy'n sôn am 'arian yn fy nghod', gyda gwên foddhaus ar ei wyneb. Tybed ai'r holl ffws a ffwdan a'r lol ynglŷn â'r cylchgrawn a symbylodd Gerallt Lloyd Owen, yn y Babell Lên, i gwblhau'r dasg o gyfansoddi cwpled yn cynnwys y gair 'coban' fel hyn?

Mawr hwyl i'r rhai sy'n gwylio
Yw coban Cynan *and Co.*

Galwodd Lyn Ebenezer a'i ffrind yn nhafarn y White Lion ar ôl clywed fod y Prifardd Caradog Prichard yn aros yno, efo'i wraig Mattie, ei ferch Mari a Benji y ci a oedd yn mynychu pob eisteddfod. Yn anffodus i'r ddau ffan, roedd y llenor wedi mynd i'w wely, ond mynnodd Mattie, er gwaethaf protestiadau Lyn a Peter, fynd i godi Caradog o'i wely. A dyna a wnaeth, gan ei hebrwng i lawr y grisiau ac yntau'n gwisgo pyjamas ac yn tynnu ar stwmp sigarét yn nghornel ei geg. Ymhen chwincaid roedd eisgidiau am ei draed, a phac-a-mac amdano, a Mattie'n arwain y criw, a Benji, tuag at y Green lle roedd cannoedd wedi ymgasglu i glywed Tawe Griffiths yn arwain y canu.

Doedd Eisteddfod y Bala ddim yn agor ei drysau tan hanner awr wedi deg y bore 'er mwyn rhoi cyfle,' meddai'r trefnwyr 'i'r ffermwyr orffen godro a mynd â llaeth i'r lôn cyn troi am y Steddfod'. Ar y bore Llun cyntaf fe gyflwynodd Alun Williams, yr arweinydd, Lywydd y Dydd, sef yr Aelod Seneddol lleol Mr William Edwards, i'r gynulleidfa, fel y gŵr a oedd wedi llwyddo i berswadio'r awdurdodau milwrol yn RAF Fali i beidio â hedfan eu hawyrennau jet dros faes yr Eisteddfod am wythnos. Yn sŵn cymeradwyaeth a chydnabyddiaeth y gynulleidfa ddiolchgar, fe ddaeth yr Aelod Seneddol i'r llwyfan i draddodi'i araith. Yn anffodus, boddwyd geiriau cyntaf y gŵr oedd wedi llwyddo i atal yr awyrennau jet rhag hedfan dros y Pafiliwn a'r Maes – gan sŵn awyrennau jet yn hedfan dros y Pafilwn a'r Maes! O, am gael gwybod beth sibrydodd Wil Edwards yn dawel wrtho'i hun wrth ddisgwyl i'r awyrennau ddiflannu.

Gyda'r nos yn neuadd Ysgol y Berwyn, cafwyd perfformiad cofiadwy gan Gwmni Theatr Cymru o ddrama gomisiwn Saunders Lewis, *Cymru Fydd*. Yn wir, gellid dweud i'r cynhyrchiad fod yn un tanbaid, gan fod y llenni yng nghefn y llwyfan wedi dechrau mudlosgi hanner awr cyn dechrau'r perfformiad. John Hughes oedd yn chwarae un o'r prif rannau, a dyma'i ran broffesiynol gynta, a fu o fawr o dro cyn newid ei enw i John Ogwen. Fo oedd ar y llwyfan yn actio gydag Elisabeth Miles:

> Roeddwn i'n gweld y gynulleidfa'n anniddigo ar ddechrau'r ail act a dwi'n cofio meddwl – ew 'dan ni ddim mor sâl â hynny! Yna gallwn ogleuo mwg, ac fe waeddodd rhywun o'r gynulleidfa 'Tân!'

Ond yn lle panig a phobol yn rhuthro am y drysau, fe ddigwyddodd dau beth a achosodd i bawb ymdawelu, yn ôl Elfyn Pritchard a oedd yn y gynulleidfa. Yn gyntaf, yn hytrach na gadael y llwyfan, fe eisteddodd John a Lis Miles yn dawel ar soffa oedd yn rhan o'r set. Ac yn ail, cododd Aneurin Talfan Davies ar ei draed a gofyn i bawb eistedd i lawr. Fe wnaethant ac yna fe adawodd pawb y neuadd yn drefnus. Sylw un o'r actorion, Ieuan Rhys Williams, oedd 'Sinders Lewis, myn uffarn i! Biti na fasa 'na chydig o dân yn y ddrama.'

*

Yn ogystal â llwyfannu drama Saunders Lewis yn ystod wythnos y Steddfod, roedd Cwmni Theatr Cymru wedi bod yn brysur hefyd yn paratoi ar gyfer noson o ddychan yn Theatr Buddug y Bala, dan yr enw *Deud Ydan Ni*, yn seiliedig i bob pwrpas ar gyfres deledu ddychanol *Stiwdio B*, a gyflwynwyd gan Ronnie Willimas a Lenna Pritchard Jones, ac a ysgogwyd gan y rhaglen ddychan arloesol *That Was the Week That Was*. Mae Gaynor Morgan Rees yn cofio ei bod hi a Mari Griffith yn ymddangos ar *Stiwdio B* mewn leotards du 'yn dangos fy nghoesa'. O ganlyniad, derbyniodd y BBC nifer o gŵynion nid yn unig oherwydd fod Gaynor a Mari mor bowld â dangos eu coesau, ond oherwydd eu bod nhw'n meiddio dangos amarch tuag at y wisg draddodiadol Gymreig drwy wisgo hetia uchel ar eu pennau. Cweit reit hefyd! Ffor shêm!

Cododd *Stiwdio B* wrychyn nid yn unig y gynulleidfa deledu, ond Cyngor Darlledu y BBC yng Nghymru hefyd. Yn wir, fe ystyriwyd dwyn y gyfres i ben, ond gydag amser fe enillodd ei phlwy, a thawelodd y storm.

Y cwmni yn y Bala a oedd yn mynd i ddeud eu deud oedd Ryan, Gaynor Morgan Rees, Mari Griffith, Olwen Rees, Stewart Jones, John Greatorex, a Ronnie. Roedd y sgript yng ngofal conglfeini comedi ar y teledu – Wil Sam, Rhydderch Jones, Bruce Griffiths a Dafydd Glyn Jones, a'r saer geiriau Gwenlyn Parry oedd golygydd y sgriptiau, oedd yn 'ddetholiad o hiwmor, dychan a phrotest'. Cic i fyny pen-ôl y Sefydliad, cael hwyl am ben y traddodiadau Cymreig, a chan fod y cyfan yn digwydd yn nhref yr Eisteddfod, penderfynwyd lluchio tomato neu ddau at y sefydliad parchus hwnnw hefyd. Ymhlith y *sketches* yn y sioe roedd un ar ddewis aelodau'r Cyngor, un arall yn edrych ar yr Eisteddfod drwy lygaid tedi boi. Cafwyd parodi ddigri ar ddrama newydd Gwenlyn Parry, *Saer Doliau*, gyda'r awdur ei hun yn un o'r tîm sgriptio. Gwelwyd

Ronnie a Gaynor wedi'u gwisgo fel plant ysgol yn gwylio gorsedd ddychmygol yn gorymdethio ar draws y llwyfan at y Maen Llog, lle roedd eu tad yn mynd i gael ei 'bardduo'. Roedd Ronnie yn siŵr mai 'nyns gwyn, glas a gwyrdd' oedden nhw, nes i Gaynor dynnu'i sylw at y ffaith fod 'un o'r nyns yn gwisgo mwstásh'. Cyfeiriad bach diniwed at yr Arwyddfardd, Dillwyn Miles, oedd hynny.

Bu'r Sensor ei hun yn mynd drwy'r sgriptiau â chrib fân a phensel las, cyn rhoi'i ganiatâd i'r cwmni berfformio yn Neuadd Buddug. Dychanodd Ryan y grefft o ganu cerdd dant mewn un sgets, drwy ganu gosodiad o eiriau enwog Cynan i'r nico, a'u cyfieithu'n llythrennol ar gyfer dosbarth a oedd yn dysgu Cymraeg – 'Dear Nico, go you over me, ond a message small, to little old Wales…' ac yn y blaen.

Pan oedd o'n byw yn Llundain ac yn cynnal nosweithiau llawen gyda Rhydderch Jones, roedden nhw'n cael hwyl garw wrth geisio esbonio i Saeson beth yn union oedd Cerdd Dant (a elwid ganddynt yn Tooth Music), ac ar ôl gwneud hynny, yn canu fersiwn Saesneg o 'Wele'n cychwyn dair ar ddeg o longau bach ar fore teg', detholiad o 'Madog' T. Gwynn Jones:

> See them starting ten and three
> Of quite small ships on a dark blue sea;
> See you Madog brave his chest
> As captain of the ship is dressed,
> Go he is to put his foot
> Where never before a foot was put;
> This is a venture, very brave
> But God will hold him from wave to wave.

Addasiad o'r syniad hwnnw oedd canu geiriau Cynan yn Saesneg. Chwarae teg i'r Sensor, nid drwy'r sgets honno yr aeth y bensel las, ond yn hytrach, sgets a oedd yn enllibio enw da yr Ysgrifennydd Gwladol, Cledwyn Hughes – un o bennaf ffrindiau Cynan! Roedd portread Ronnie o'r Ysgrifennydd yn ddeifiol – yn wir, yng ngeiriau Cynan, roedd yn:

scurrilous and well nigh libellous misrepresentation of the Minister by an obvious enemy in the Welsh Nationalist Party, and it ill befits the non-political atmosphere of Eisteddfod week, where it may well cause a riot – especially as Mr Cledwyn Hughes is visiting the Eisteddfod.

Welodd Mr Cledwyn Hughes mo Mr Ronnie Williams fel Mr Cledwyn Hughes. Ataliwyd y terfysg ac ar ôl i'r cynhyrchydd Wilbert Lloyd Roberts gytuno fod y sgets gyfeiliornus yn cael ei dileu, rhoddwyd trwydded i'r cwmni i berfformio *Deud Ydan Ni*. Yn ôl John Roberts fe benderfynwyd agor y sioe i sŵn telyn yn chwarae 'Cainc y Datgeiniad' – alaw gyfarwydd iawn. Byddai'r gynulleidfa'n disgwyl fod y ddeuawd ar y llwyfan yn mynd i ganu geiriau oedd yn clodfori Cymru: harddwch ei mynyddoedd a'i dyffrynnoedd, amlder ei *clichés* barddol, ei hiaith ac yn y blaen. Ond nid dyna a ddigwyddodd. Mae'n wir dweud fod y ddeuawd wedi canu am 'wyrddni fy ngwlad' a chroeso'r teulu i'r Cymro alltud. Ond fe wnaed hynny yn Saesneg, pan ganodd Ryan a Ronnie, am y tro cyntaf gyda'i gilydd, osodiad cerdd dant ar y geiriau 'Green Green Grass of Home'. Ac roedd cyfuno Tom Jones a cherdd dant yn y Bala, yn ystod ein gŵyl genedlaethol, yn 'venture very brave' ac yn gydnaws ag ysbryd anturus cyffrous y flwyddyn.

Gwelwyd Cenedlaetholwyr yr Alban, yr SNP, yn ennill eu sedd seneddol gyntaf ers 1945, pan enillodd Winifred Ewing. Fe ddaeth y mesur erthylu yn gyfraith ac, yn Ne Affrica, fe dderbyniodd Louis Washansky galon newydd drwy law'r meddyg Christian Barnard.

Ac roedd calonnau'r Cymry'n curo'n gynt hefyd ar ôl gweld Ryan a Ronnie'n perfformio, ac yn pwmpio gwaed newydd drwy wythiennau byd adloniant yng Nghymru. Roedd ymateb y gynulleidfa'n anhygoel. Roedd pawb wedi'u gwefreiddio, a Ronnie Williams o Gefneithin a Ryan Davies o Lanaman wedi cychwyn ar daith yn 1967 a fyddai'n sicrhau lle blaenllaw i'r ddau yn hanes twf adloniant ysgafn yng Nghymru.

Y ddau'n ddeuawd

Er mai ar lwyfan Eisteddfod Genedlaethol y Bala yn 1967 y gwelwyd Ronnie Williams a Ryan Davies yn perfformio gyda'i gilydd yn gyhoeddus am y tro cynta fel Ryan a Ronnie, roedd hedyn y perfformiad hwnnw wedi'i blannu fisoedd cyn hynny, gan Meredydd Evans. Un o sêr oes aur y *wireless* oedd Merêd: un o aelodau Triawd y Coleg, tri o fyfyrwyr y Brifysgol ym Mangor, a ddaeth i amlygrwydd ar y *Noson Lawen*, y rhaglen radio hynod boblogaidd a gynhyrchwyd gan Sam Jones, un o arloeswyr cynnar darlledu yng Nghymru.

Unben carismataidd oedd Sam, a mabwysiadodd Merêd ei ddulliau digyfaddawd o weithio. Doedd fiw i neb ddadlau â Merêd. Gwae chi os oeddech chi'n cyrraedd y stiwdio ac yn cael eich dal wedi sgriblo geiriau'r gân ar ddarn o bapur a'i selotepio i'ch gitâr yn hytrach na dysgu'r geiriau ar eich cof. Roedd o'n mynnu'r safon uchaf, ac ni fyddai neb wedi meiddio rhoi llai na'i orau i Merêd. Roedd o'n hawlio hynny – ac yn ei haeddu.

Fel rhan o'i gynllun i greu adran adloniant a fyddai'n gallu cynnig ystod eang o raglenni i'r gwyliwr, roedd Merêd yn awyddus i roi lle amlwg i gomedi. Ar ôl sefydlu Adran Adloniant Ysgafn BBC Cymru, a bwydo'r genedl â dogn helaeth o gwisiau a rhaglenni cerdd ac, wrth gwrs, y rhaglen ddychan a gyflwynwyd gan Ronnie Williams, sef *Stiwdio B*, teimlai Merêd fod comedi'n dal yn fwlch yr oedd angen ei lenwi. Felly fe benderfynwyd cynhyrchu rhaglen brawf, rhaglen o gomedi a chanu. Pwrpas rhaglen o'r fath, fel arfer, yw rhoi cyfle i'r tîm cynhyrchu weld a fyddai'n bosib creu cyfres gan ddefnyddio'r talentau ar y rhaglen. Ond nid dyna'r pwrpas yn yr achos hwn. Roedd Merêd eisoes wedi penderfynu y gellid creu partneriaeth newydd sbon ym myd comedi yng Nghymru drwy briodi talentau Ryan a Ronnie, ac fe wyddai ym mêr ei esgyrn y byddai'r rhaglen brawf yn cadarnhau hynny. Dyna, felly, sut yr aethpwyd ati i greu'r ddeuawd gomedi chwedlonol.

Yn ôl un gantores o'r cyfnod hwn, 'Priodas wedi'i threfnu oedd Ryan a Ronnie, a Merêd oedd wedi penderfynu pwy fyddai'r pâr priod a beth fyddai trefn y gwasanaeth.'

Ac fe lwyddodd Merêd. *Ryan a Ronnie, Gill a Johnny* oedd teitl y rhaglen. Gill oedd prif leisydd y Triban, ac roedd Johnny Tudor eisoes yn ddiddanwr, yn ganwr ac yn ddawnsiwr talentog iawn ac wedi cael profiad helaeth mewn clybiau a neuaddau tu allan i Gymru. Gill a Johnny fyddai'n canu'r caneuon a Ryan a Ronnie'n gyfrifol am y comedi. Flynyddoedd yn ddiweddarach, wrth eistedd ar fryncyn yn edrych allan ar Fae Aberteifi, bu Ronnie'n siarad â'r newyddiadurwraig Betsan Powys ar y rhaglen *Y Byd ar Bedwar* am ei atgofion o'r dyddiau cynnar hynny:

> Nath adloniant ysgafn y BBC a'r Doctor Meredydd Evans gael y syniad o roi fi gyda Ryan. O'n i ddim ishe. 'Nes i weud, 'Na, fi'n reit hapus fel 'yf fi.' 'Nath Merêd wylltio, a gweiddi, a rhegi, a bwrw'r ddesg, a wedes i, 'Olreit, olreit, *anything for a quiet life.*'

Er gwaetha diwedd trasig stori Ronnie, mae'n anodd derbyn ei ddadansoddiad ef o'r hyn ddigwyddodd ddeng mlynedd ar hugain ynghynt, yn enwedig o gofio'r llwyddiant anhygoel a ddaeth yn sgil penderfyniad pellgyrhaeddol Merêd i greu'r bartneriaeth gomedi fwyaf llwyddiannus a welodd Cymru erioed, ac er gwaetha'r hyn a ddigwyddodd i Ronnie'n bersonol ar ôl chwalu'r bartneriaeth chwe mlynedd yn ddiweddarach. Rhaid cofio mai geiriau alcoholig sâl a chwerw a oedd eisoes wedi ceisio rhoi diwedd arno'i hunan fwy nag unwaith yw rhain. Ond Ronnie a'u dywedodd, serch hynny.

Yn y cyfamser, yn y stiwdio deledu fechan, mae'r gynulleidfa'n edrych o gwmpas yn ddisgwylgar, ac mae'r camerâu'n cael eu symud o gwmpas llawr y stiwdio am y tro olaf cyn i reolwr y llawr weiddi am 'Quiet please'. Mae'r cloc yn ei law yn dangos fod munud i fynd cyn dechrau recordio *Ryan a Ronnie*. Rhaglen hanesyddol yn hanes darlledu yng Nghymru. Rhaglen nad ydynt yn bodoli bellach. Rhaglen a ddinistriwyd, fel cymaint o raglenni'r cyfnod. Pam? Yn iaith y BBC ar y pryd 'We need the space…'

'Stand by.' Llais rheolwr y llawr. 'Ten, nine, eight, seven, six. Cue music… Cue Ronnie…' Wrth i'r gerddoriaeth agoriadol ddistewi, daw Ronnie i mewn drwy'r gynulleidfa, â gwên lydan ar ei wyneb, wedi'i wisgo mewn siwt felfed coler uchel, lliw gwin, trowsus yn dangos *flares* ffasiynol diwedd y chwedegau, crys pinc a thei-bô, a'i wallt du wedi'i gribo'n daclus.

'Noswaith dda, a chroeso i rifyn arall o *Ryan a Ronnie*, ac yn y rhaglen heno…' Mae sŵn canu yn y pellter, yn torri ar draws llif y geiriau agoriadol ac yn dod yn nes. O'r diwedd daw Ryan i'r golwg yn gwisgo pâr o drowsus cwta hirion, het wellt am ei ben, sbectol haul am ei drwyn, hwyaden blastig fawr o dan un fraich, a *deck-chair* o dan y fraich arall. Mae Ryan yn syllu ar Ronnie. Mae Ronnie'n syllu ar Ryan, ac yn ei chael hi'n anodd peidio ag ymuno yn chwerthin y gynulleidfa. Ond fiw iddo. Wedi'r cwbwl, fo ydi'r *straight man*. Ei waith o ydi cadw wyneb syth, a bwydo Ryan â'r llinellau fydd yn sicrhau mai Ryan sy'n cael y sylw. Dyna ganolbwynt y chwarae. Gadewch i ni rewi'r llun am eiliad.

Mae i bob comedïwr llwyddiannus nodweddion sy'n gwneud yr unigolyn hwnnw'n gofiadwy: dannedd a gwallt Ken Dodd, wyneb blinedig Les Dawson, pen enfawr a chwerthiniad gwallgo

Tommy Cooper, sbectol Eric Morecambe. 'Wyneb fel Punch, a'i drwyn yn cyffwrdd ei ên.' Dyna ymgais gwasg y cyfnod i ddisgrifio wyneb Ryan. Corff eiddil. Un bychan, bywiog, byth yn llonydd, ond fel y gwningen honno yn yr hysbyseb, yn mynd, mynd, mynd o hyd, a'r batris ym mol y bwni binc yn para am byth. Ryan oedd y brawd bach drwg oedd yn feistr ar greu hafoc. Ronnie oedd y brawd mawr yn ceisio cadw trefn ar y bychan. Petaech chi'n chwilio am gymhariaeth o fyd natur, yna Ronnie oedd y goeden a'i gwreiddiau'n ddwfn yn y ddaear, a Ryan oedd y corwynt dinistriol yn rhedeg i bob cyfeiriad.

Yn y llun sydd wedi'i rewi, mae Ronnie'n dal i syllu ar Ryan, a'r edrychiad ar ei wyneb yn awgrymu fod ei bartner, a dyfynnu ymadrodd da o Sir Gaerfyrddin, 'off 'i ben'. Mae Ronnie'n aros i'r chwerthin afreolus ddistewi, cyn gofyn y cwestiwn amlwg:

Ronnie: A ble ti 'di bod?

Ryan: Blackpool. Blackpool Ron, ar 'y ngwylie. Golles i'r ha' llynedd.

Ronnie: Pam, 'te?

Ryan: O'n i yn y bath ar y pryd. A ti'n gwpod beth Ron?

Ronnie: Beth?

Ryan: Fues i'n sâl Ron. Yn sâl iawn.

Ronnie: Do fe?

Ryan: Do 'chan. Fi newydd weud wrthot ti.

Ronnie: Pam o't ti'n sâl?

Ryan: Fytes i gwningen yn y tŷ lojins. A ges i stumog tost – a *mixamatosis*.

Ronnie: Est ti at y doctor?

Ryan: Do. A ti'n gwbod beth ges i 'da fe?

Ronnie: Castor Oil lawr dy gorn gwddw?

Ryan: Nage. Fferet lawr 'y nhrowser!

Bonllefau o chwerthin, a chan fod y gynulleidfa'n eistedd mewn hanner cylch ac yn ddigon agos i gyffwrdd â'r ddau bron iawn, mae Ryan yn dewis rhywun yn ddirybudd ac yn dechrau tynnu'i choes.

''Na fe Mrs Jones. Chwerthinwch chi. Dangoswch eich dannedd. Na! Na! Peidiwch â'u tynnu nhw mas, fenyw!' Mwy o chwerthin. Mae'n amser i Ronnie ffrwyno direidi Ryan, ac mae e'n gwneud hynny gydag un 'Ry!'

Ryan: Ie Ron. Fi'n mynd ar wylie 'to cyn bo hir, Ron. I Sbaen.

Ron: Ble yn Sbaen?

Ryan: Maj Orca.

Ronnie: Nage, Ry. Nid Maj Orca yw e. So ti'n 'i weud e felna. Ti fod i weud Mai Orca. Nid 'j' ond 'i'. Mai-orca.

Ryan: Mai Orca. Nid Maj Orca. Mai Orca.

Ronnie: 'Na ti. Mai-orca.

Ryan: Mai-orca.

Ronnie: 'Na ti, perffeth. Pryd ti'n mynd 'te?

Ryan: Diwedd *Iune* a dechre *Iuly*.

Yn ystod y chwerthin, mae ffilm yn ymddangos ar y sgrin o Ryan a Ronnie wedi'u gwisgo mewn dillad sy'n awgrymu eu bod o dras Indiaidd. Mae'r ddau'n gwisgo tyrban a chlamp o glwt neu gewyn mawr bob un, ac yn cerdded i lawr stryd brysur yn cario carped wedi'i rowlio rhyngddynt. Croesi ydi'r broblem. Ond maen nhw'n datrys y broblem drwy stopio'r traffig a rhowlio'r carped ar draws y ffordd, ac fe welwn fod y carped yn edrych yn union fel *zebra crossing*, a chan wenu a chydnabod y gyrwyr blin, maen nhw'n croesi ac yn symud ymlaen at y ffilm fach nesa.

Un o'r hysbysebion mwyaf poblogaidd ar y teledu yn y chwedegau oedd hysbyseb powdwr golchi Tide. Ac os oedd The White Tide Man yn galw yn eich tŷ chi, a chithe'n medru ateb ei gwestiwn, yna roedd o'n rhoi pum punt i chi. Dyna'r ysbrydoliaeth ar gyfer y ffilm nesa. Gwelir Rolls Royce gwyn yn cyrraedd a Ronnie'n camu allan o'r cefn, wedi'i wisgo mewn dillad gwyn o'i gorun i'w sawdl, gan gynnwys pâr o fenyg gwynion. Mae'n cerdded i lawr y llwybr at un o'r tai cul mewn stryd yn y Rhonnda. Mae'n cnocio ar y drws, yn troi at y camera ac yn gwenu. Mae'r drws yn agor, ac yno saif Ryan, wedi'i wisgo fel un o famau'r Cymoedd yn ôl dehongliad Hollywood ohoni, gyda wig fach wen, a siôl am ei hysgwyddau, a phâr o sbectol am ei thrwyn. Mae'n syllu mewn anghrediniaeth ar Ronnie, sy'n dal llond llaw o bapurau punt o dan ei thrwyn. 'Os allwch chi weud wrtho i pwy ydw i, fe rof i bum punt i chi.'

Mae Ryan yn dal i syllu ar Ronnie ac yn edrych yn ara deg i fyny ac i lawr ei gorff. Yna mae'n mentro gofyn: 'Ife mab Gladys Nymbyr Ffôr 'ych chi?'

Nôl i'r stiwdio. Does dim golwg o Ryan, ond mae Ronnie'n sefyll o flaen côr o ddynion. 'Gyfeillion, rhowch groeso i Gantorion Richard Williams.'

Y gân yw 'Kalinka', ac mae Richard Williams a'r côr a chyfarwyddwr y rhaglen wedi'i hymarfer hi sawl gwaith yn ystod y prynhawn, gyda Ryan yn canu'r unawd yn ei lais tenor ysgafn. Ond mae'r côr wedi dechrau canu a does dim golwg o Ryan er fod bwlch wedi'i adael yn y rhes flaen ar ei gyfer. Does neb yn y stiwdio, gan gynnwys arweinydd y côr, yn gwybod am yr hyn sydd ar fin digwydd – dim ond Ryan a'r cyfarwyddwr. Ar ôl canu Ka… lin…ka, Kalin-ka, Kalin-ka kala; Ka-lin-ka, Kalin-ka, Kalin-ka kala. Ar y 'la' olaf – mae Ryan yn ymddangos o ganol y côr, wedi'i wisgo fel Cosac, mewn crys lliwgar Rwsiaidd yr olwg, pâr o drowsus du, tyn, sgidiau lledr uchel a chlamp o het ffwr fawr ar ei ben, a phâr o sbectol wedi'u benthyg gan Trotsky ar ei drwyn. Ac yntau'n dal y nodyn uchel am hydoedd, mae e'n cerdded draw at yr arweinydd, Richard Williams, ac yn syllu arno tua modfedd o'i drwyn. Y bwriad yw ei gael i chwerthin, ac mae Ryan yn llwyddo, ac yn cymryd ei anadl wrth i'r côr barhau i ganu – er bod ambell un yn ei chael hi'n anodd o dan yr amgylchiadau a'r ymosodiad Rwsiaidd annisgwyl! Wrth i'r gân dynnu tua'i therfyn, a rhai o aelodau'r côr erbyn hyn yn ei chael hi'n anodd canolbwyntio ar y canu, mae Ryan yn mynd i lawr ar ei gwrcwd o flaen y côr ac yn cicio'i goesau allan yn null y dawnswyr Cosac, cyn gorffen y perfformiad gyda gwaedd sy'n esgor ar gymeradwyaeth fyddarol gan y gynulleidfa.

'Actor oedd Ryan,' yn ôl Meredydd Evans. 'Doedd o ddim yn *stand-up-comic*. Crëwr cymeriadau oedd o.' A phe bai'n rhaid dewis un o'r perfformiadau a oedd yn ymgorffori holl dalentau Ryan yn ystod cyfresi *Ryan a Ronnie*, yn sicr fe fyddai Côr Richard Williams yn canu 'Kalinka' efo Ryan fel Cosac Glanaman yn agos iawn at y brig.

Proffesiynoli'r Noson Lawen

R yan yr actor, y canwr, y dawnsiwr, y comedïwr, y meimiwr, yn symud yn ystwyth, gyda'i amseru perffaith yn creu pum munud gwefreiddiol o gomedi cofiadwy. Ac yn gallu gwneud hynny hefyd, pan ddymunai, heb gymorth Ronnie. Yn gynyddol yn ystod y bartneriaeth, rhwng 1968 a 1973, byddai galw cyson am dalentau Ryan i actio a chanu a chyflwyno ar raglenni eraill yn Saesneg yn ogystal ag yn Gymraeg. Er bod Ronnie yntau'n ymgymryd â gwaith perfformio tu allan i ffiniau'r bartneriaeth efo Ryan, daeth yn gynyddol amlwg fod Ryan, er yn bartner comedi i Ronnie, hefyd yn torri'i gwys ei hun, fel pe bai yntau'n rhagweld y byddai'r cyfnod euraidd hwn yn hanes y ddau yn dod i ben, ryw ddydd. Yng ngeiriau Ronnie:

> Ryan oedd y person mwyaf doniol wnes i erioed ei gyfarfod. Trwyn mawr a gwallt fel Bobby Charlton. Personoliaeth fawr a synnwyr amseru. Amseru ydi popeth. Fedrwch chi ddim o'i ddysgu. Chi'n cael eich geni 'da fe. Does 'na ddim byd yn ddoniol ar bapur.

Wrth gwrs, dyw hynny ddim yn berffaith wir. Beth am ddramâu Wil Sam, a helyntion cymeriadau lliwgar Harri Parri, heb sôn am fonologau'r Co Bach gan Gruff Parry? Yr hyn a olygai Ronnie, wrth gwrs, ydi fod geiriau sy'n edrych yn gyffredin ar bapur, yn gallu bod yn ddoniol iawn o gael eu llefaru mewn ffordd arbennig gan actor crefftus. 'The three most important things for an actor,' meddai un o sêr Hollywood, 'is the script, the script, the script'. Roedd yn rhaid i Ryan gael geiriau Ronnie er mwyn dod â'i gymeriadau'n fyw. Gallai Ryan wisgo fel Phyllis y *barmaid*, efo'i gwallt *beehive* melyn yn uchel ar ei phen, y masgara trwchus du o amgylch ei llygaid, y sigarét yn ei llaw, y lipstic llachar ar ei gwefusau a'i breichiau wedi'u croesi, yn sefyll ar ei sgidiau sodlau uchel tu ôl i'r bar. Ond geiriau Ronnie fyddai'n chwythu anadl einioes i gorff tenau Phyllis: 'Wel i jiw, jiw... shwd 'ych chi 'de... olreit, cariad...? O shgwlwch, ma' menyw fan 'co, mewn *very low cut dress*... o sori... na... fi'n rong... Dou ddyn 'da penne moel ŷn nhw...'

Fe esboniodd Ronnie sut oedd y ddau'n gweithio, mewn cyfweliad ar ffilm:

> Fi oedd yn sgrifennu'r sioeau, ac yn gwneud hynny mewn panics llwyr. Ei gadael hi bob tro tan y funud olaf. Rwy'n cofio cwrdd â Galton and Simpson un tro, ac fe ddwedon nhw bryd hynny eu bod nhw wedi cael blwyddyn i sgrifennu cyfres o *Steptoe and Son*, ac wedi'i sgrifennu hi yn y tair wythnos olaf. Yn y gwely y bydden i'n sgrifennu, ac fe fyddai'r wraig yn dweud, 'Mae'r sgript yna fod i mewn heddiw erbyn amser cinio.' A rhywsut neu'i gilydd, unwaith bydde'r adrenalin yn pwmpo – fe fydde hi.
>
> Ryan oedd yn sgrifennu'r caneuon, ac yn cael yr holl sylw. Ond pan oedd y gynulleidfa'n chwerthin ar ben un o jôcs Ryan, roeddwn i'n cael pleser o hynny, gan mai fi oedd wedi'i sgrifennu hi.
>
> Wrth gwrs roedden ni'n anghytuno â'n gilydd weithie, ond byth yn dal dig. Bob amser yn gorffen yn ffrindiau, ac yn mynd am ddiod. Doedd y ffaith fod Ryan yn cael mwy o sylw a mwy o glod na fi ddim yn fy mhoeni.

Ddim ar y dechrau efallai ond, ymhen hir a hwyr, mae'n wir dweud fod Ronnie wedi chwerwi ac wedi dechrau teimlo'n eiddigeddus o'r ffaith mai at Ryan y byddai pawb yn mynd ar ôl y sioe. Llofnod Ryan oedd yr un pwysig. Dyna pam yr oedd teitl drama Meic Povey am y ddau yn dweud llawer: *The Life of Ryan… and Ronnie.*

Mae'r dotiau bach sy'n pellhau enw Ronnie oddi wrth enw Ryan hefyd yn awgrymu mai atodiad mewn gwirionedd oedd Ronnie yng ngolwg y cyhoedd. Ryan oedd y seren, mae'n wir, ond roedd golau'r seren honno'n dallu pawb o fewn cyrraedd, ac yn ei gwneud hi'n anodd iddyn nhw weld pa mor bwysig – hanfodol yn wir – oedd cyfraniad Ronnie i lwyddiant y pâr fel deuawd.

A phan ddiffoddodd golau llachar Ryan am byth yn 1977, diflannodd Ronnie hefyd o'r llwyfan, yn llygaid y cyhoedd, nes ei atgyfodi ymhen blynyddoedd fel Dan Bach y Blagard yn y gyfres *Licyris Olsorts.* Ond fel y cawn weld, er gwaetha'r iselder ysbryd a'r ddibyniaeth ar alcohol, fe fu'r blynyddoedd ar ôl marw Ryan yn rhai cynhyrchiol iawn i Ronnie, ar brydiau…

Y cam naturiol ar ôl creu'r fath enw iddynt eu hunain mewn amser mor fyr oedd mynd allan o awyrgylch y stiwdio a pherfformio ar lwyfannau ledled Cymru. Y criw dethol oedd prif gyflwynydd y nosweithiau, Alun Williams; y cyfeilydd Bryn Williams, gynt o'r Black and White Minstrels; Margaret Williams, oedd yn ffrind agos iawn i Ryan; cwmni bychan, clòs, amldalentog – a fi.

Deuai gwahoddiadau o bob rhan o Gymru gan drefnwyr nosweithiau llawen a chyngherddau, oedd am weld Ryan a Ronnie 'yn ein neuadd fach ni'. Fyddai'r neuadd fach honno ddim hanner digon mawr yn aml iawn. Felly fe ffurfiwyd Cwmni Cynhyrchu Cymru er mwyn cadw rheolaeth ar y galw cynyddol am gael clywed y ddau'n canu 'Delilah' a gweld Ryan wedi'i wisgo fel 'Phyllis y *barmaid*'. Y cwmni oedd yn gyfrifol am drefnu teithiau o amgylch Cymru, ac fe aeth un daith â ni i Wauncaegurwen ('*home territory*, gwd boi'), i Hwlffordd, Aberystwyth, y Bala, Pwllheli, Porthaethwy a Llanidloes, ac ymhlith yr artistiaid oedd yn teithio efo ni roedd Tony ac Aloma, Yr Hennessys, Mari Griffith a Stewart Jones.

Gweithred o ffydd neu ffolineb ar ran y cwmni cynhyrchu oedd trefnu discoteciau, o gofio mai prin fel blew ar ben moel oedd caneuon Cymraeg y gellid dawnsio iddyn nhw bryd hynny. Wrth gwrs, cyn cynnal discotec, roedd yn rhaid adeiladu un, ac fe aeth Ronnie a minnau a sefydlydd Cwmni Cynhyrchu Cymru, Lyn Jones, ati i wneud hynny. Dau ddec i chwarae 45s ac LPs, goleuadau llachar yn fflachio i guriad y bît a'r cyfan wedi'i osod mewn clamp o ddesg enfawr efo paneli copor wedi'u gludo i'r tu blaen. Chwaethus iawn! Cofiaf yn dda i Ronnie a minnau gynnal disgo dros bedair noson yn nhafarn yr Halfway yn Nantgaredig adeg Eisteddfod Rhydaman yn 1970. Roedd y gerddoriaeth yn gymysgedd o ganeuon fel cân deyrnged Dafydd Iwan i'r Tywysog Charles – 'Croeso 69', cân gyntaf cwmni newydd Sain, sef 'Dŵr', yn cael ei chanu gan Huw Jones, 'John Jones yr Hogyn Pren' gan y Tebot Piws a'r 'Brawd Houdini' gan Meic Stevens, yn gymysg â cherddoriaeth offerynnol gan Booker T and the MG's, B Bumble and the Stingers, a cherddorfa Percy Faith efo 'Summer Place' pan oedd hi'n amser smŵtsh.

Yn yr Eisteddfod honno yn Rhydaman fe lwyfannodd Cymdeithas yr Iaith sioe o'r enw *Peintio'r Byd yn Wyrdd*, ac fe ddaeth un neu ddau o'r aelodau o'r peintio ar y llwyfan at y peintiau yn yr Halfway, a'r disgo, oedd 'halfway' rhwng disgo Cymraeg a disgo Saesneg. Yn anffodus i mi, roedd un o'r recordiau offerynnol yn chwarae pan ddaeth aelod o'r Gymdeithas draw gan ddal gwydyr peint yn llawn o gwrw yn fygythiol uwchben y deciau a mynegi mewn geiriau digyfaddawd ei ymateb i'r gerddoriaeth: 'Os na nei di chwara caneuon Cymraeg a dim ond caneuon Cymraeg, yna mi fydd cynnwys y gwydyr yma yn sicrhau na nei di ddim chwara'r un gân eto heno.' Ac felly y bu – dim ond fi a'r Brawd Houdini... drwy'r nos!

Y gair pwysig yn enw'r cwmni, Cwmni Cynhyrchu Cymru, oedd 'cynhyrchu'. Cynhyrchiad proffesiynol oedd pob sioe, gyda meicroffonau, goleuadau, colur, trefn ymddangos, yn union fel eu sioe deledu. Os oedd y sioe i gychwyn am saith, byddai gofyn i'r artistiaid fod yno'n brydlon am hanner awr wedi pump er mwyn cael ymarferiad sain. Wrth gwrs, doedd popeth ddim bob amser yn digwydd ar amser.

Dwi'n cofio bod ar un o deithiau Ryan a Ronnie, a'r cwmni wedi cyrraedd Rhosllannerchrugog. Yn anffodus roedd Cwmni Theatr Cymru wedi bod yn perfformio yn y Stiwt y noson cynt, ac wedi llenwi'r lle. Felly gwag neu beidio, ar ben hanner awr wedi saith, allan â fi ar y llwyfan enfawr, a wynebu cynulleidfa eiddgar o gant, mewn neuadd oedd yn dal dwy fil. 'Noswaith dda. Ga i ddeud yn y lle cynta gymaint o fraint ac anrhydedd ydi hi i chi fy nghael i yma heno?' Fel arfer byddai'r sylw bach tafod ym moch yn cael derbyniad gweddol. Heno – dim. 'Cyn i mi fynd dim pellach, mae'r Manajer wedi gofyn i mi ofyn i chi symud os gwelwch chi'n dda. 'Dan ni isio'r rhai del yn y seti ffrynt, a'r rhai hyll yn y cefn. O, dwi'n gweld, 'dach chi wedi symud yn barod.' Y noson gynt, yn Llanidloes, roedd pawb wedi chwerthin am fod y cyflwynydd mor haerllug. Ac onid Bob Monkouse, brenin comedi ar y pryd, oedd wedi dweud, 'Why should I change my material, when the audience changes?'

Wrth gwrs doedd Bob ddim wedi gorfod wynebu cynulleidfa deneuach na choesa Ken Dodd. Dechreuais deimlo rhyw banic yn llifo drwy fy nghorff. Dyblodd y llwyfan enfawr mewn maint. Hanerwyd y gynulleidfa yn fy meddwl i hanner cant. Fy ngwaith i oedd c'nesu'r dorf, ond yn lle hynny roeddan nhw mor dawel ac oeriadd â mynwent dan eira. Ac roedd y sefyllfa ar fin gwaethygu.

Mentrais apêl bersonol – tipyn o sebon meddal. 'Bob tro y bydda i'n dŵad i'r Rhos i ffilmio i'r rhaglen *Heddiw*, fe fydda i'n siŵr o gael sgwrs efo Ifor Green. Mae o bob amser yn barod i roi ei farn yn gryf ac yn groyw. Dwi'n siŵr eich bod chi yma heno Mr Green?' Anfonais y cwestiwn allan i dywyllwch y gynulleidfa fel Noa yn anfon y golomen yn obeithiol o'r arch. Ac yn wir fe anfonwyd ateb yn ôl i'm cyfeiriad fel bwled o wn. 'Mae Ifor wedi marw ers pythefnos.' Gwelwn y gwaed yn llifo allan o'r twll adawyd gan y fwled a theimlais awydd angerddol i ddianc o'r llwyfan gan weiddi 'I bawb, ar wahân i Ifor Green felly – Ryan a Ronnie!' Ond cyn i mi fedru symud, daeth llais anweledig drwy'r llenni caeedig coch y tu ôl i mi. 'Caria mlaen – ma' Ryan yn hwyr!'

A chario mlaen fu'n rhaid, gan lenwi'r pum munud ychwanegol ag un o jôcs Ryan, am olau lori cario ceir yn pallu'n llwyr a'r gyrrwr yn penderfynu dringo i lawr ucha'r lori, a throi ymlaen oleuadau un o'r ceir blaen yr oedd yn eu cario. I lawr y ffordd ag o gyda golau'r car yn goleuo'r holl ardal o'i flaen am filltiroedd. Yna wrth droi cornel clywodd sgrechian brêcs a gwelodd fod dyn oedd yn gyrru i'w gyfeiraid wedi gyrru ei gar i'r ffos ac yn sefyll wrth ei ochor yn crynu.

'Pam 'dach chi wedi gyrru i'r ffos? Oeddach chi ddim yn gweld fy ngoleuadau i?'

'O... o... oeddwn,' medda'r dyn bach yn grynedig. 'A n... n... nes i f... f... f... feddwl, argian, os 'di'r lori mor uchal â hynna, p... p... p... pa mor llydan fydd hi?'

Nid y jôc ora erioed, ond fe lanwodd y pum munud. 'Maen nhw'n barod,' medda'r llais anweledig unwaith eto o'r tu ôl i'r llenni. 'Rhowch groeso,' medda finna, yn rhydd o'm caethiwed o'r diwedd, 'i Ryan a Ronnie.' Ymlaen â nhw i sŵn y band yn chwarae 'Delilah', ac ar ôl gorffen y gân meddai Ryan, 'Ma'n ddrwg 'da ni fod yn hwyr, ond o'dd lori wedi torri lawr ar yr A470, ac o'n i'n styc y tu ôl iddi. Sy'n f'atgoffa fi am y boi oedd yn gyrru lori cario ceir, ac fe dorrodd 'i lori e lawr hefyd…' NA! NA! Rhy hwyr! Fe gariodd Ryan ymlaen i ddweud yr union stori yr oedd y gynulleidfa newydd ei chlywed bum munud ynghynt gan y cneswr cyrff aflwyddiannus. Nid gweddus fyddai i mi groniclo ymateb Ryan, pan ddeallodd ymhen amser nad safon y jôc oedd ar fai, ond anallu'r gynulleidfa i chwerthin am ben jôc yr oedden nhw newydd ei chlywed. Rhowch hi fel hyn – doedd yr un o'r geiriau boerodd o i fy ngwyneb yn ei gynddaredd y noson honno yn y Llyfr Gweddi Gyffredin…

Un o'r grwpiau mwyaf poblogaidd ar y pryd oedd Hogia'r Wyddfa, ond er fod galw mawr am eu gwasanaeth, fe gawson nhw eu beirniadu yn y wasg gan fwy nag un llythyrwr cas, am feiddio gosod geiriau beirdd poblogaidd Cymru, megis Cynan ac R. Williams Parry, ar gân a thrwy hynny, amharchu'r cerddi a'u hawduron. 'Buasai R.Williams Parry'n troi yn ei fedd,' meddai un o'r gwybodusion, 'pe bai o'n clywed Hogia'r Wyddfa'n Twhwtian ei gerdd enwog i'r Tylluanod ar lwyfannau ledled Cymru.'

'Yn ystod y cyfnod hwn,' meddai Arwel Jones, un o sylfaenwyr Hogia'r Wyddfa, 'fe fu Ryan a Ronnie yn dda iawn i ni, yn ein hannog i gario mlaen, ac i beidio gwrando ar y beirniaid na darllan y llythyrau yn y wasg Gymraeg, ond i gofio am y cannoedd oedd yn mwynhau yr hyn yr oeddan ni'n ei wneud. Yn wir, dwi'n cofio rhywun yn holi Ronnie am y cyngherddau, ac yn gofyn iddo fo sut basa fo mewn brawddeg yn diffinio canu pop Cymraeg. A dyma ddudodd o: "Canu pop Cymraeg mewn brawddeg? Hogia'r Wyddfa yn canu 'Llanc Ifanc o Lŷn'." Mi oedd clŵad geiria felna'n galonogol iawn.'

Pan oedd Ryan a Ronnie'n rhannu llwyfan y Noson Lawen

gyda Hogia'r Wyddfa, yn aml iawn fe fydden nhw'n cyflwyno'r Hogia drwy ganu cân yn dychanu cantorion pop y dydd. 'Cymru'r Canu Pop' oedd ei theitl hi ac fe'i sgwennwyd yn sedd gefn Jag gwyn Ryan ar y ffordd i gyngerdd yn y gogledd. Fy nghyfraniad i oedd pennill am Hogia'r Wyddfa: digon diniwed a deud y gwir. Ond mae Arwel yn cofio'r ymateb pan ganwyd y gân am y tro cynta:

Roeddan ni wedi mynd lawr i Wauncaugurwen i gynnal noson ac yn aros ar ochor y llwyfan, tu ôl i'r llenni, i fynd ymlaen. Roeddan ni wedi cytuno efo Ryan a Ronnie mai'r gân gynta fasa 'Tylluanod', oherwydd fod mam Ryan, oedd yn y gynulleidfa, yn ei hoffi'n fawr.

Fe aeth Ryan a Ronnie ar y llwyfan, a deud jôc neu ddwy a wedyn cyfeirio at y gân 'ma, oedd yn newydd i ni, am gantorion pop yng Nghymru, ac mi oedd 'na bennill yn sôn amdanon ni:

Nyni yw Hogia'r Wyddfa, sy'n gwneud sŵn gwdihŵ,
    Fe ddaethon ni ymhell o wneud sŵn cwac, me me, mw-mw;
    A chredwch ni, mae gwneud sŵn *owl*
    Yn anodd, anodd ar y jawl... Tw-whit Tw-hw.

Yng nghanol y chwerthin oedd yn dilyn y pennill dyma Ronnie'n gweiddi: 'Rhowch groeso i Hogia'r Wyddfa'. Ac yna fe glywyd clec o wn, fel roeddan ni'n dŵad ymlaen at y meicroffôn i gyfeiliant nodau cynta'r gân, a dechrau canu 'Tw-whit Tw-hw', ac fe ddisgynnodd cawod ysgafn o blu ar ein pennau...

Fi a 'mhartner . . .

At last a new comedy show to really enthuse about. Sandwiched between *The Clangers* and *Marine Boy* at the unlikely time of 4.55, BBC Wales have come up with their own bright mini *Laugh In* [cyfres o America yn cael ei chyflwyno gan y comedïwyr Rowan and Martin], which, if not particularly original, is a concept which was presented with much style and professionalism that it put a spectacular to shame.

B illy Cotton, pennaeth adloniant y BBC yn Llundain oedd yn gyfrifol am roi eu cyfres gynta i Ryan a Ronnie yn Saesneg, ac fe fu tair i gyd rhwng 1971 a 1973. Yn anffodus, yn ôl arolwg a wnaed i'r BBC ar ran Ymchwil Cynulleidfaoedd, doedd y cyfresi ddim yn taro deuddeg, a'r feirniadaeth yn cynyddu o gyfres i gyfres. Er eu bod wedi perfformio ychydig mewn clybiau yng Nghymru mewn paratoad ar gyfer y gyfres deledu, yn ôl Mark Lewisham, yn ysgrifennu yn y wasg am gomedi ar y teledu, roedd y ddau wedi cyfaddef nad oeddynt yn teimlo mor hapus ar y dechrau yn gweithio yn Saesneg ag oeddynt yn perfformio yn Gymraeg. Llugoer iawn oedd ymateb aelodau o'r gynulleidfa a holwyd:

Jokes and sketches were corny, and although they worked hard enough they failed to click...

Although Ryan Davies and Ronnie Williams were

Ryan yn blentyn.

Ryan, Irene a Dai Bach (hen ffrind a chymydog) yn eisteddfod Llangollen 1955.

Ryan ac Irene, Mynydd y Berwyn 1959.

Yn y Dolydd, Llanfyllin: Don Roberts, W. T. Davies (tad Ryan), Irene, Nans Davies (mam Ryan) a Ryan, 1959.

Dawnsio gwerin gyda Chymry Llundain ar ddechrau'r 1960au, mewn garddwest.

Cinio Cymry Llundain, Ryan yn llygadu Syr Geraint Evans.

Ryan, Rhydderch Jones ac eraill mewn parti pen-blwydd yn Llundain.

Grwp Cymry Llundain yn cystadlu. Ryan a Howard Goodfellow yn y blaen, y tro enillodd y ddau ar ganu deuawd.

Charley's Aunt, y ddrama a lambastiwyd yn *Y Cymro*.

Ryan ac Irene, 1966.

Ryan ac Irene.

Ryan, Nans Davies (mam Ryan),
Mair Davies y briodferch (cyfnither iddo), Irene a Bethan.

Bethan a'i thad.

Ryan ac Arwyn.

Ryan a'r plant yng Ngerddi Dyffryn.

Tad balch.

Ryan, arian byw o Lanaman.

Yr amryddawn Mr Davies.

"See them starting, ten and three…"

Ychydig bach o ddrama gyda Myfanwy Talog.

Gallai chwarae'r difrif yr un mor rhwydd â'r digrif, gyda'r actor Sid Owen yn *The Sunshine Boys*, Theatr Newydd Caerdydd.

Ryan yn taro ystum fel 'Lord of the Manor'.

Y gwir oedd fod Ryan yn gallu diddanu pob un.

Ryan gyda Gaynor Morgan Rees, ond cyn iddo fod yn 'dad' iddi yn *Fo a Fe*.

Ephraim a Twm Twm: Guto Roberts a Ryan yn *Fo a Fe*.

Pantomeim y Grand – Ryan a llond y lle o blant.

Ryan a David Lyn.

Ryan ac Irene gyda Richard a Gwyneth Llywelyn, mewn parti ym Mhontarddulais.

Ar *cruise* i'r Ynysoedd Dedwydd.

Portread cartŵn o Ryan gan Gren, cartwnydd poblogaidd y *Western Mail*.

Sgets o Ryan gan yr actor Clive Dunn, a oedd yn enwog am chwarae rhan y bwtsiwr, Jones, yn *Dad's Army*. Ef a gymerodd drosodd oddi wrth Ryan yn y panto yn Abertawe o 1977 ymlaen.

America, cofeb Abraham Lincoln yn Washington.

Picnic teuluol yn y Blue Mountains, Virginia.

Niagara. Dyma'r llun olaf a dynnwyd o Ryan, gyda Peter, mab y teulu yr oedd yn aros gyda hwy yn yr Unol Daleithiau.

Y penddelw efydd a welir yng nghyntedd Canolfan y BBC yn Llandaf.
"Mae chwerthin yn swnio'r un fath yn y ddwy iaith."

talented enough, they needed much better material if they were to make it to the top...

The funniest part of their show is the sketch of the dysfunctional family...

Dyma gyfeiriad at *Our House*, neu Teulu Ni fel roedd hi'n cael ei galw yn y sioeau Cymraeg. Roedd gwreiddiau'r syniad 'nôl yn nyddiau ysgol Ronnie yng Nghwm Gwendraeth. Dyna pryd y gwelodd y 'teulu' olau dydd am y tro cynta gyda ffrindiau ysgol Ronnie'n cydactio â fo. Ond yn y stiwdio deledu yn Llundain, Ryan oedd yn chwarae rhan y fam, yn sefyll wrth y bwrdd ac yn llifio torth o fara yn ddi-stop; Ronnie oedd y tad, Wil, a dyna hefyd y byddai'n cael ei alw gan ei blant, Nigel Wyn a Phyllis Doris, sef Bryn Williams a Myfanwy Talog – y naill yn 'dwp' a'r llall yn goman. Y frawddeg oedd yn cael ei hailadrodd yn wythnosol gan Ryan oedd 'Paid â galw Wil ar dy dad' – 'Don't call Wil on your father!'

Erbyn yr ail gyfres, fe gafwyd ysgrifenwyr ar eu cyfer. Yn wir, gan gynnwys Ryan a Ronnie roedd 'na dîm o ddeuddeg i gyd. Ac eto erbyn y gyfres olaf roedd y feirniadaeth wedi cynyddu:

It was often felt it was village hall stuff, that might pass on a local network, but scarcely up to the standard to be shown nationally, and not a good advert for Welsh Variety being transmitted outside Wales.

Yn ôl Shaun Sutton, pennaeth drama'r BBC yn Llundain ar y pryd, 'I thought it impossible that they should be less funny than they had been in their last series. But they had.'

Roedd Owen Edwards, Pennaeth Rhaglenni BBC Cymru, yn cytuno fod y deunydd yn wan, ac nad oedd Ryan a Ronnie ar eu gorau yn Saesneg. Ac eto, er gwaetha'r feirniadaeth hallt o bob tu, roedd y ddau'n teimlo'n ddigon hyderus ac eofn i dderbyn cynnig i berfformio mewn sioe *Those Were the Days* ar y Pier yn Blackpool. Yn ôl Einir, gwraig Ronnie ar y pryd, dyma gychwyn ar gyfnod anhapus iawn ym mywyd ei gŵr.

'Bu'n rhaid i ni golli'n Cymreictod i raddau a throi'n gomedïwyr "Northern" yn Blackpool, ac felly doedd dim llawer o bwynt i ni fynd yno,' oedd sylw Ronnie ar raglen radio'n olrhain hanes y cyfnod. Cytunai Ryan â safbwynt Ronnie: 'Wrth gwrs ein bod yn Gymry, ond rydym eisiau i bobol chwerthin, nid oherwydd ein bod yn Gymry, ond oherwydd ein bod yn ddoniol.'

Wrth edrych yn ôl ar y cyfnod hwn yn eu gyrfa gwelai Rhydderch Jones, yn ei lyfr am ei gyfaill, fod yna fwlch wedi dechrau agor yn y cyfeillgarwch rhwng Ryan a Ronnie. Yn ôl Einir, 'Gan ei fod o'n gweithio drwy'r amser roedd ei iechyd wedi dechrau dirywio. Cafodd byliau o iselder lle byddai'n troi'n gas ac yn fy ngham-drin yn gorfforol. Pur anaml y byddai'n dŵad adra i 'ngweld i a'r plant, ac os nad oedd o yn Blackpool neu yn y stiwdio, yna roedd o ar y ffordd i ryw gyngerdd yn rhywle. Roedd 'na ddigon o gyfle iddo fo gael ei fflings.'

Tra oedd Ryan a Ronnie'n perfformio yn Blackpool roedden nhw hefyd yn paratoi ar gyfer cyfres Gymraeg a fyddai'n cael ei recordio'n syth ar ôl i'r cyfnod yn Blackpool ddod i ben, ac yn ogystal â hynny, i ychwanegu at y pwysau gwaith, roedd Ryan yn gweithio ar brosiectau unigol, fel y ffilm yr ymddangosodd ynddi gyda Richard Burton, yn seiliedig ar ddrama radio Dylan Thomas, *Under Milk Wood*.

Weithiau, yn ôl Einir, byddai hi ac Irene a'u plant yn mynd i weld Ryan a Ronnie yn Blackpool, ond byddai'r ddau deulu'n aros mewn gwestai ar wahân. Dechreuodd Ronnie berthynas gyda Lavinia, un o'r dawnswyr yn y sioe, yn ystod ei gyfnod yn

Blackpool, perthynas a fu'n gyfrifol am chwalu ei briodas yn y pen draw. Mewn sgwrs a gefais gyda Lavinia, sydd bellach yn cadw tafarn yng Nghaerdydd, dywedodd ei bod hithau'n gweld fod y berthynas rhwng Ryan a Ronnie yn fregus iawn. Ryan yn hyderus a Ronnie'n bryderus. Ryan yn mwynhau'r canu a'r dawnsio, a Ronnie'n poeni am orfod gwneud y naill a'r llall. Mae'n wir dweud, fodd bynnag, fod Ryan ar brydiau'n colli cwmni'r teulu. Yn ôl Irene, ei wraig, yn ystod y cyfnod hwn yr ysgrifennodd un o'i ganeuon enwocaf, cân, meddai Irene, sy'n fynegiant o'r cyfnodau hynny pan oedd o'n teimlo ychydig yn isel, 'Pan fyddo'r nos yn hir... a phell y wawr'.

Mae llythyr a ysgrifennodd Ryan o Blackpool at ei ewythr Brinli, y cyn-Archdderwydd, yn awgrymu fod treulio cyfnodau hir heb weld y teulu yn pwyso'n drwm arno:

Central Pier,

Blackpool.

Hybarch Archdderwydd a Mrs Arch [ei Anti Muriel],

Henffych o wlad y gogledd. Fel y gwelwch, rwyf bellach wedi dod i Blackpool, i geisio diddori tipyn ar y boblach yma.

Mae Mam, Anti Sap ac Uncle Ernie wedi bod yma gyda mi am wythnos, ac yn ceisio edrych ar fy ôl, drwy stwffio bwyd i mewn i mi ac yn y blaen. Mae'r teulu'n dod lan ymhen pythefnos. Wrth gwrs rwy'n mynd lawr bob nos Sadwrn, ac yn treulio'r Sul gyda hwy.

Ond roedd egni a brwdfrydedd Ryan yn ddi-ben-draw. Iddo ef roedd cyfres deledu yn Llundain a sioe ar y Pier yn Blackpool, hyd yn oed os nad oedden nhw'n llwyddiannus iawn, yn gyfle i ennill mwy o brofiad yn Saesneg, ac i gyflwyno'i enw i gynulleidfa newydd.

Mewn cyferbyniad llwyr, roedd Ronnie'n ddyn ei filltir sgwâr, yn hapus yn perfformio drwy'r Gymraeg ac yng Nghymru. Roedd gorwelion Ryan yn llawer lletach. Gallai weld ei hun yn y dyfodol yn diddanu cynulleidfaoedd tu draw i ffiniau Cymru, nid fel canwr, na chomedïwr, na cherddor, na meimiwr, nac actor ond fel diddanwr amryddwn oedd yn gyfuniad o'r holl dalentau hynny – fel un o'i arwyr, Sammy Davis Junior.

Mae'n ddiddorol nodi'r hyn a ddywedodd Ryan, pan oedd yntau a Ronnie wedi ymwahanu, wrth y newyddiadurwr Trevor Fishlock mewn cyfweliad yn *The Times*. Gofynnodd Fishlock iddo a oedd ganddo uchelgais i weithio tu allan i Gymru yn Lloegr. Roedd ateb Ryan yn blwmp ac yn blaen:

> Wrth gwrs fy mod eisiau cydnabyddiaeth Brydeinig. Fel pawb mewn adloniant, mae gennyf innau fy 'ego' a dwi eisiau cael y sioe ar y ffordd. Rydw i am gadw un droed yng Nghymru. Dyma lle mae fy nghartref ac rwyf am gyfrannu tuag at ddatblygu adloniant Cymreig. Byddai'n gas gennyf glywed pobol yn dweud fod Ryan Davies wedi troi'n Seisnig ac wedi troi'i gefn ar ei bobol ei hun. Fy mhroblem i yw cyflawni fy uchelgais a chadw fy ngwreiddiau. Credaf y gallaf gadw'r cydbwysedd.

Fel y cawn weld yn nes ymlaen, erbyn 1972 roedd trafodaethau wedi cychwyn gyda'r BBC yn Llundain gyda'r bwriad o feithrin Ryan fel perfformiwr ar deledu Saesneg yn Lloegr. Doedd 'na ddim sôn am Ronnie yn y trafodaethau hyn.

Ym mis Gorffennaf, fe ddarlledwyd cyfres arall o sioe deledu Ryan a Ronnie, ac fe ddaeth gwahoddiad hefyd gan Theatr y Grand yn Abertawe iddynt ymddangos mewn cynhyrchiad o *Cinderella*. Gymaint oedd apêl y ddau i gynulleidfaeodd Cymraeg a di-Gymraeg fel ei gilydd, roedd y Grand yn llawn ar gyfer pob perfformiad am dri mis. Bu'n rhaid ymestyn y cynhyrchiad o ddeg i ddeuddeg wythnos, ac fe gawsant eu gwahodd yn ôl i'r theatr y flwyddyn ganlynol i ymddangos mewn pantomeim arall am Dick Whittington: y bachgen ifanc oedd am fynd i Lundain, oherwydd fod strydoedd y ddinas wedi eu palmantu ag aur.

Canmol y ddau i'r cymylau, dyna a wnaeth y papurau newydd ar ôl pantomeim llwyddiannus arall. 'It seems certain that this comedy partnership will enjoy many more years at the Grand.' Ond nid felly y bu. Ymhen chwe mis, a hwythau'n perfformio am wythnos yng nghlwb y Double Diamond yng Nghaerffili, ymddangosodd penawdau eraill yn y wasg: 'Ryan and Ron to split'; 'The thin one goes it alone'; 'Ryan and Ronnie bow out'.

Roedd Ronnie wedi cyrraedd pen ei dennyn. Cyfresi Cymraeg, Saesneg, tymor yn Blackpool, cyngherddau ar y ffordd, problemau personol – roedd y cyfan yn ormod iddo yn y pen draw. Yn ei eiriau ei hun:

Y mwya llwyddiannus 'ych chi, y mwya o straen sy 'na i gadw'r safon, a dyna oedd yn fy mhoeni i drwy'r amser. O'n i ddim eisiau gadael Ryan a Ronnie, ond o'n i'n sâl ar y pryd, oherwydd bo fi'n gweithio'n rhy galed. O'n i'n gwybod mod i'n gweithio'n rhy galed.

Yn ei ddrama lwyfan *The Life of Ryan... and Ronnie*, mae Meic Povey yn hollol gywir wrth awgrymu fod yn well gan Ronnie fod yn bysgodyn mawr yng Nghymru, yn mwynhau 'the well lubricated hospitality of the fans' yn ôl un papur newydd, yn hytrach na bod fel Ryan, oedd yn dyheu am rywbeth mwy. Ac yn wir, roedd Bill Cotton, pennaeth adloniant ysgafn y BBC yn Llundain, yn awyddus i gynnig sioe hanner can munud iddyn nhw. 'Thank you very much boys, for three great series [er nad oeddan nhw ddim yn 'great' o bell ffordd]. Now it's the big time. You'll get a Saturday night slot and international guest stars.'

Ond doedd Ronnie ddim yn teimlo y gallai ddelio â chynnig o'r fath. Bu'n sôn am ei ymateb i'r cynnig yn y cylchgrawn *Golwg* yn 1997:

> Ro'n i wedi gweithio shwd gymaint, doedd y cwbwl yn golygu dim i mi rhagor, hyd yn oed canmoliaeth Billy Cotton. Oedden ni'n gweithio'n ofnadwy o galed. Oedd hynny ym mis Ionawr, ond fe es i'n sâl ym mis Mai ac fe gollon ni gyfle. Oeddwn i wedi mwynhau'r ddwy neu dair blynedd gynta yn y Gymraeg, ac efallai y flwyddyn gynta yn Saesneg hefyd. Ond roedd yn rhaid i ni wastod neud mwy a mwy i ennill bywoliaeth. Oedden ni'n gorfod gwneud *Summer Season* am 4 mis y flwyddyn, yn perffromio dwy sioe y noson. Oedden ni'n gwneud clybie gogledd Lloegr, recordio sioeau Saesneg yn Llundain, a doedden ni ddim yn gartrefol yn gweithio cymaint yn Lloegr.

Mewn rhaglen ar Radio Cymru yn dwyn y teitl *Fi a 'Mhartner*, mae Ronnie'n esbonio mwy:

> Fe benderfynais fynd i weld ffrind a oedd yn seiciatrydd, gan obeithio cael tabledi neu rywbeth, ond fe wedodd wrtha i am roi'r gorau iddi yn syth, am fy mod i mewn perygl o gael *mental breakdown*. Wedes i na allen i ddim rhoi'r gore iddi'n syth achos o'n i yng nghanol sioe yn y Double Diamond Club yng Nghaerffili. Beth bynnag, es i nôl i'r clwb ac oedd Ryan yn y *dressing room*. Heb droi

rownd fe ofynnodd beth oedd yn bod, a wedes i mod
i'n gorfod gorffen. Ac fe afaelodd yno i, ac fe lefon ni.
Gynigiodd Ryan wneud y sioe ei hunan a wedes i 'na'.

Y seiciatrydd o ffrind yr aeth Ronnie i'w weld oedd y diweddar
Dafydd Hughes, ac mewn cyfweliad fe esboniodd fwy am yr hyn
ddwedwyd y bore hwnnw:

> Roedd hi'n amlwg fod Ronnie wedi blino'n lân ac mewn
> cyflwr o iselder, ac angen ysbaid hir i adfer ei nerth
> a'i iechyd. Ond roedd 'na rywbeth arall wrth wraidd
> teimladau ac ymddygiad Ronnie. Roedd hi'n amlwg i
> mi y gallai Ryan lwyddo heb Ronnie ac roedd hynny'n
> gwneud i Ronnie deimlo'n ddi-werth, yn unig ac yn
> rhwystredig hefyd, gan fod Ryan yn cael gwahoddiadau
> i berfformio ar ei ben ei hun – heb Ronnie. Gallai Ryan
> fod yn annibynnol a gweithio yn y ddwy iaith. Bellach
> doedd Ronnie ddim yn anhepgorol i fywyd proffesiynol
> Ryan. Gwyddai Ronnie hynny ac roedd dyfodol heb
> Ryan yn anodd ei wynebu.

Ond byddai hynny'n well na dim dyfodol o gwbwl, ac roedd
hynny'n poeni Ronnie hefyd:

> Y cyfan oedd bywyd yn y diwedd oedd gwely a gwaith,
> gwaith a gwely. Duw a ŵyr sawl awr o'n i'n gweithio bob
> dydd. Doedd 'na ddim rheswm i fyw. O'n i ddim yn cofio
> fy mhlant o'r amser 'on nhw'n bump i'r amser 'on nhw'n
> bymtheg oed. Ddechreues i yfed yn drwm: dau neu dri
> peint cyn y *show* a mwy wedyn. Wnes i ddim gweud
> wrth Ryan shwt o'n i'n teimlo. Allen i ddim siarad am
> bethe felna gyda fe. Es i i weld y seiciatrydd a wedyn nôl

i'r clwb. Gerddes i mewn i'r stafell. O'dd Ryan a'i gefen tuag ato i. Heb edrych arno i ofynnodd e 'Beth sy'n bod?' O'dd e'n gwbod fod y cyfan drosodd. Wedes i beth odd wedi digwydd ac fe afaelon ni yn ein gilydd a llefen.

Yng ngeiriau Arwyn, mab Ryan:

Beth bynnag oedd pobol yn ei ddweud, fod Dad a Ronnie wedi cael dadl fawr, y gwir yw roedden nhw'n ffrindiau da. Roedd Ronnie'n *straight man* grêt. Mae e'n beth anodd iawn ei wneud – gwylio rhywun arall ar y llwyfan yn cael y laffs.

O ystafell y seiciatrydd, fe ddychwelodd Ronnie i lwyfan y Double Diamond ac ar 6 Mai 1974, o flaen cynulleidfa a oedd yn llenwi'r clwb, fe berfformiodd Ryan a Ronnie am y tro olaf gyda'i gilydd. Yn y *South Wales Echo*, fe gadarnhaodd Alex McKinty eiriau Dr Dafydd Hughes: 'With all respect to Ronnie Williams, who was suffering from nervous exhaustion, I'd say Ryan, now that he has complete freedom inside his act, stands a better chance of the major breakthrough that his natural talent deserves than he ever has.'

Bum mis yn unig ar ôl i'r bartneriaeth chwalu, roedd Ryan wedi dechrau ffilmio yn Sir Benfro ar gyfer cyfres deledu ar ben ei hun ac wedi dychwelyd i glwb y Double Diamond i recordio sioe *cabaret* o flaen y camerâu. Yn y cyfamser, roedd Ronnie wedi gadael Caerdydd, wedi troi'i gefn ar y stiwdio deledu a'r llwyfan ac wedi dianc, gyda'i deulu, i Gerrigydrudion, i redeg tafarn.

Cynllwynio yn Llareggub

Er bod Ryan a Ronnie wedi dod yn bartneriaid oedd yn ddibynnol y naill ar y llall, mae'r gymhariaeth gyda Morecambe a Wise yn anghywir. Byddai eu cymharu â'r *Two Ronnies* – Ronnie Corbett a Ronnie Barker – yn nes ati, gan eu bod nhw, fel Ryan a Ronnie, yn gweithio ar brosiectau unigol, yn ogystal â chydweithio fel deuawd gomedi.

Ryan oedd cyflwynydd cynta'r cwis teledu *Mae Gen i Air*. Ef oedd yn chwarae'r brif ran yn *Y Drwmwr*, y ddrama Gymraeg gyntaf erioed ar deledu Cymraeg i gael ei dangos gydag isdeitlau. Ac efallai eich bod chi wedi ei weld o ym mis Mehefin 1968 yn cyflwyno Hogia Llandegai, Aled a Reg, y Derwyddon, Dafydd Iwan ac Edward, y Cwiltiaid, Treflyn a Susan a'r Pelydrau yn y Pinaclau Pop ym Mhontrhydfendigaid. Gweithiai Ryan yn ddibaid, a rhoddai ei hun dan bwysau'n gyson.

Ni thorrodd Ronnie ei gŵys ei hun i'r un graddau â Ryan, ond fe gafodd gyfle i gynhyrchu cyfres radio, *Pop Wales*, gydag Endaf Emlyn yn cyflwyno. Roedd *Pop Wales* yn gwneud yr hyn a awgrymid gan y teitl, sef trafod y byd pop yng Nghymru, yn Saesneg, efo artistiaid Cymreig fel Shirley Bassey, Harry Secombe, Andy Fairweather Low o'r grŵp Amen Corner, a'r seren o Bontypridd, Tom Jones. Mae Endaf yn cofio recordio sgwrs ar gyfer y rhaglen efo Tom Jones, yn y Rank yn Southampton, gyda'i reolwr Gordon Mills yn eistedd wrth ei ochr, a Ronnie yn eistedd drws nesa i Endaf. Fe aeth y cyfan yn ddidrafferth, ac roedd Tom wedi bod yn sôn am yr holl grwydro roedd o'n ei wneud o gwmpas y byd.

Felly dyma Endaf yn gofyn yn ddigon naturiol, 'So Tom, with all this traveling you do, where do you call home?' Atebodd Tom yn syth: 'Sudbury-on-Thames.' Fel ergyd o wn, gwaeddodd Gordon Mills 'Cut!' Cafodd air yng nghlust Ronnie, a chafodd Ronnie yntau air yng nghlust Endaf. Er bod Tom wedi ateb yn gywir, fe wyddai Gordon nad yr ateb cywir ydi'r un gorau bob tro. 'Gofyn y cwestiwn eto, Endaf.' *ACTION*! 'So, Tom, with all this travelling you do, where do you call home?' 'Well,' meddai Tom, gan edrych yn wylaidd, 'It's true that I do travel quite a bit, but wherever I am, Ponty will always be home for me.' Wrth gwrs, Tom o Bontypridd! Gwell ateb o lawer na *green green grass* Sudbury-on-Thames.

Ar wahân i gynhyrchu, bu Ronnie ei hun yn cyflwyno rhaglen bop hefyd, er, o edrych ar y llun cyhoeddusrwydd ohono yn y *Radio Times*, yn gwisgo locsyn bychan dan ei ên, mwstásh dan ei drwyn, siaced, coler a thei, byddai'n haws credu ei fod ar fin rhoi darlith wyddonol astrus ar y planedau a'r sêr, yn hytrach na chyflwyno'r sêr ar *Disc a Dawn*!

Roedd Marged Esli yn y Coleg Normal ar y pryd ac yn aelod o'r grŵp Canu Coch. Mae hi'n cofio teithio i lawr i Gaerdydd i ganu ar *Disc a Dawn* gyda Ronnie'n cyflwyno 'Be dwi'n ei gofio ydi 'i fod o'n *suave* iawn – smart, yn 'i *turtle-neck sweater* a'i *blazer*. Mi ath â ni i glwb y BBC, ac roedd hi'n amlwg ei fod o wrth ei fodd yn cael deud ei fod o'n gweithio i'r BBC. Roedd o'n prowd iawn o'r sefydliad.'

*

Yn 1972, cafodd Ryan gynnig gan y cyfarwyddwr ffilm Andrew Sinclair i chwarae un o'r prif rannau mewn addasiad i'r sinema o ddrama radio Dylan Thomas, *Under Milk Wood*. Byddai'n actio gyda Richard Burton, Peter O'Toole, ac Elizabeth Taylor. Dyma'r ffilm a fyddai'n dod ag enwogrwydd Ewropeaidd i Ryan, meddai proffwydi'r wasg. Ond mae proffwydi'r wasg, fel proffwydi'r tywydd, yn anghywir weithiau a derbyniad llugoer – a deud y lleia – a gafodd y ffilm. Roedd Sinclair wedi cawlio stori syml Dylan Thomas am ddiwrnod yn hanes pentref Llareggub i'r fath raddau, prin bod 'na bygyr ôl o debygrwydd rhwng yr addasiad a'r stori wreiddiol. Gwelai Sinclair bob math o ddelweddau Celtaidd yn y gwaith, yn ogystal â'r meirw byw a'r diafol ei hun – Richard Burton – yn ymweld â'r pentre. Cyflwynodd elfen o fytholeg Geltaidd i'r stori ar y sgrin, gan gynnwys dawns o amgylch y dafarn, lle mae'r dawnswyr yn y pen draw yn dawnsio i mewn i'r môr a throi'n forloi. Roedd Ryan a Burton yn ymgorfforiad gweladwy o'r Llais cyntaf a'r ail lais yn y gwaith gwreiddiol yng ngolwg Sinclair:

> I had given the two Voices faces and characters, predominance to the powerful, brooding face and pale piercing eyes of Richard Burton, foollery to the thin playful melancholic skull head of Ryan Davies, the beloved clown of Welsh television, playing the jester to Burton's King – the imp to Lucifer.

Mae un sylw o eiddo Sinclair yn profi'n ddigamsyniol ei fod wedi meddwi ar ei weledigaeth o waith Dylan Thomas fel chwedl ganoloesol gydag elfennau Celtaidd:

> I added one thing which ties the film nicely. The devil rides a pig in medieval legend and we have the Second Voice, Ryan, jump on a pig and ride straight into camera; it's a hell of a shot.

Rhag i Sinclair hawlio'r clod am y syniad, awgrym Ryan oedd y byddai'n neidio ar gefn y mochyn a'i farchogaeth nes iddo'i luchio i'r llaid.

Mae un frawddeg yn adolygiad y *Guardian* o'r ffilm yn dweud y cyfan, 'While the prospect of Eastman-coloured *Under Milk Wood* is guaranteed to wring hosannas from American Ladies' Literary Guild and sixth formers in first beards, I must admit, it sounds to me like a sure fire basis for a sloe-black, slow, black, crow black, cockle-boat-bobbing nightmare.'

Roedd gan Burton ei amheuon hefyd. 'Ysgrifennodd Dylan, y sgript hon' meddai, 'ar gyfer radio, ac nid wyf yn gwybod a fyddai Dylan yn hoffi'r ffilm o gwbwl.' Ceisiodd Ryan achub cam Sinclair drwy ddweud ei fod o leia wedi osgoi'r temtasiwn i gastio'r ffilm yn Llundain, ac wedi dod i Gymru i chwilio am ei actorion. Ond er iddo wneud hynny, yng Ngŵyl Ffilmiau Fienna y dangoswyd hi am y tro cyntaf gydag is-deitlau Eidalaidd.

Mae Sinclair yn adrodd stori amdano fo a Ryan yn mynd i Lundain i gyfarfod Burton, er mwyn perswadio Elizabeth Taylor i actio rhan Rosie Probert. Roedd Peter O'Toole yn ffrind i Sinclair ac eisoes wedi derbyn rhan Captain Cat ac fe wyddai Sinclair fod Burton yn ffan mawr o Dylan Thomas ac yn cicio'i sodlau yn Llundain am dri mis tra oedd Elizabeth Taylor draw yn y wlad yn ffilmio *Zee and Co*. Fe aeth yn bnawn o yfed, gyda Sinclair a Ryan yn yfed allan o ddau dancard arian oedd yn anrhegion i Burton a Liz Taylor oddi wrth – yn ôl yr arysgrifen ar y gwydrau – 'The Grateful people of Wales'. Dan ddylanwad y ddiod addawodd Burton i Sinclair y byddai, o barch i'w gyfeillgarwch gyda Dylan Thomas, yn aros yn sobor drwy gydol y ffilmio.

'What exactly does that mean?' oedd cwestiwn Sinclair.

'It means' meddai Burton, 'that I'll only drink two bottles of vodka a day, instead of my usual four.'

Y prynhawn hwnnw, fodd bynnag, doedd yr yfed ddim yn arafu, ac i ganol y gyfeddach hon, rai oriau a sawl potel fodca yn ddiweddarach, glaniodd Elizabeth Taylor, mewn pâr o *hot-pants* melyn, yn gwisgo côt *mink* go iawn, a chynffonnau'r anifeiliaid bach yn chwyrlïo, wrth iddi droi yn ei hunfan i ddangos y gôt. Yna pan welodd fod y ddau dancard yn cael eu defnyddio, collodd ei limpyn yn llwyr. A phan wnaeth Burton y camgymeriad o ddweud wrth Elizabeth ei fod o wedi rhoi'r tanceri'n anrhegion i'w ffrindiau agos a mynwesol, trodd y gweiddi o gyfeiriad Miss Taylor yn sgrechian afreolus a sterics. 'A dyna,' meddai Sinclair, 'pryd ddaru ni adael.'

Tra oedd Ryan yn ffilmio *Under Milk Wood*, roedd Ronnie wedi dechrau cyflwyno *Late Call*, sioe siarad yn Saesneg ar BBC Wales, ac fe aeth i lawr i Abergwaun i sgwrsio gyda Ryan a Richard Burton ar set y ffilm. Burton sy'n cael y cwestiwn annisgwyl cynta. 'What's it like to work with the great Ryan Davies?' Chwerthin yn llawn embaras mae Burton, ac mae Ryan yn edrych braidd yn anesmwyth. Ceir y teimlad yn ystod y cyfweliad fod Ronnie braidd yn eiddigeddus ac yn wir, yn flin mai fo sydd yn gofyn y cwestiynau, a Ryan a Burton sy'n cael y sylw. Wrth gloi'r ffilm, a chan edrych i fyw llygad y camera, mae Ronnie'n anelu un fwled feirniadol i gyfeiriad y cynhyrchiad. 'The film's budget is only a quarter of a million pounds, and with such a small budget, some form of financial success is assured – artistic success may prove to be a little more elusive.' Y gair yn Llŷn am sylw felna ydi 'snichlyd', ond rhaid ychwanegu fod amheuon Ronnie yn iawn. Methiant oedd y ffilm, ac ni chafodd Ryan y gydnabyddiaeth ryngwladol a fyddai, yn ôl rhai gwybodusion anwybodus, yn dod i'w ran.

Tra oedd Ryan yn ffilmio *Under Mik Wood*, roedd hefyd yn ffilmio'r gyfres nesa gyda Ronnie ac mae'n amlwg ei fod wedi gofyn i Burton a fyddai'n ystyried ymddangos ar sioe *Ryan a Ronnie*, oherwydd fe gafodd ateb gan Burton o'r Eidal, sy'n werth ei gyhoeddi yn ei gyfanrwydd yma am y tro cyntaf:

10 Mawrth 1973

Miramonti Majestic Grand Hotel,
Cortina D'Ampezzo,
Dolomiti Eidal.

Thank you very much for your letter and the offer. I have just
finished listening on a powerful shortwave radio to the hysteria
of our match against Ireland. Elizabeth, knowing my atavistic
feelings on the subject of rugby, removed herself to the bedroom
with an aspirin and a glass of white wine, praying to God that Wales
would win. There was nobody to say it to, so she compromised by
snarling at the walls of our suite, 'Wales must win. Wales must
win. Otherwise I have a husband sodden with melancholia for a
week. Also if Wales win I might get a present.'

Well done. We won. So I will have to buy her a present... Let us
pretend that I am still not shivering at the closeness of the match.
And answer your letter.

I would be delighted to be on your programme, but she wants
to be on it too and we couldn't possibly set foot in the UK for at
least another twelve months, or so. Can you persuade the money
boys of the Be Be Eck to come together with Ronnie and yourself
to wherever we are at the time? We are almost certain to be in
Rome or possibly Spain. Normally I would not appear on the
BBC, as we are heavy shareholders in Harlech, but for you we are
prepared to be relatively dichotomous.

If the programme is to be in English about things Welsh then it
would be interesting, but not important – i.e the BBC couldn't sell
it anywhere outside Wales. Next: You couldn't possibly outrage us
with an invitation to appear on a tv show with you. Both she and I
consider you to be a man of extraordinary talent and vitality. Did
you ever get the photostatted copies of the American reviews of

Milk Wood? They are sensational for you and me, and running us close were those for Elizabeth and the dreaded O'Toole. Of course Shanco Thomas [sef Dylan] came off best of the lot. What an extraordinary thing it is, Ryan, that a prophet is without honour in his own country. To this day, as far as I know, Dylan has never been praised and lauded in Wales as he has been, albeit with some dissident voices, in every other country. The most vicious attackers of Tom Jones, the pop singer, are invariably Welsh. I have read a great many notices for *Under Milk Wood*. In many languages and with the help of a dictionary, Russian, Dutch and Swedish. They are almost all paeons of praise for the film. The pathetic little Welsh Press damned the whole enterprise with the faintest of feeble praise. And when I think I gave a thousand pounds to *Y Cymro* to keep it – Mae fe'n ddigon i ala ti yn benwan (Pontrhydyfen patois!). So, anyway, ysgrifenwch rhywbeth abythdi'r programme a phwy (Mae fy mutations fi a fy syntax yn Gymraeg wedi mynd yn yfflon racs) a pwy yw'r bachan in control. Rwy'n sicr y bydd y producer yn cael mwynhad iawn, os bydd yn bosib i ni siarad am tymyd (tamaid?) bach (fach) abythdi'r ffilm... If you can spare the cash, send me the latest Geiriadur Newydd. I'll pay you back in hard liquor.

Yn dragywydd,
Richard a'i wraig

Un o'r cwestiynau sy'n cael eu gofyn yn aml am Richard Burton ydi 'Faint o Gymraeg oedd o'n ei siarad?' Fe ofynnais y cwestiwn hwnnw i'w frawd, Graham, ac fe gefais ateb hefyd – ond ateb tafod ym moch efallai, 'Rhowch hi fel hyn – mwya'n y byd o fodca oedd yn mynd miwn, mwya'n y byd o Gwmrâg o'dd yn dod mas...'

*

Yn sicr, yn ystod y cyfnod hwn, roedd yna bethau eraill ar feddwl Ryan. Y gwir yw fod rhywrai'n gweithio'n galed yn 1973 i geisio creu gyrfa i Ryan ar ei ben ei hun yn Llundain, a phensaer y cynllun hwn oedd Is-bennaeth Rhaglenni Cymraeg y BBC ar y pryd, Geraint Stanley Jones. Roedd o'n edmygydd mawr o ddawn a thalent Ryan, ac wedi meithrin y dalent honno yn Saesneg eisoes, yn y gyfres *Poets and Pints* ar BBC2. Yn ei eiriau ei hun, 'Roedd Ryan nid yn unig yn edrych fel Sammy Davis Junior, ond yn symud ac yn canu cystal ag o bob munud.' Gor-ddweud efallai, ond o leia mae gosodiad felna'n awgrymu fod Geraint Stanley'n credu na ddylai talent Ryan gael ei chyfyngu i'r cyfryngau yng Nghymru.

Fe fûm yn trafod gyda Geraint Stanley Jones sut yr oedd o wedi ceisio datblygu gyrfa Ryan y tu allan i Gymru. 'Fe ddywedodd Billy Cotton ei hun wrthyf,' meddai Geraint Stanley, 'mai Ryan oedd y dalent, ac nad oedd Llundain yn credu y gallen nhw gefnogi'r bartneriaeth yn hwy, ond eu bod nhw'n barod i gefnogi Ryan. Pe bai Ryan wedi byw, fe fyddai wedi gweithio yn Llundain, oherwydd roedd o eisiau profi 'i fod o'n bysgodyn digon mawr i nofio yn y llyn mawr yn Lloegr. Fe fuon ni'n trafod y posibilrwydd o gael rhan i Ryan yn un o sioeau comedi ysgafn Llundain, ac roedd y trafodaethau wedi cychwyn efo Jimmy Gilbert, Pennaeth Comedi'r BBC. Fe fu 'na drafod cyfres Saesneg hefyd, tebyg i *Fo a Fe*, sef *George and the Dragon*.'

HG: A oedd yna gynllwyn i ddod â'r bartneriaeth rhwng Ryan a Ronnie i ben, er mwyn datblygu gyrfa Ryan?

GSJ: Na, dim cynllwyn, ond i'r cyfeiriad yna yr oedd pethau'n mynd.

HG: A doedd Ronnie ddim yn ymwybodol o'r trafodaethau efo Llundain, am ddyfodol Ryan?

GSJ: Gad i mi ei roi fel hyn. Fe wnaeth Ronnie ffafr fawr
â'r rheini oedd eisiau canolbwyntio ar yrfa Ryan.
O safbwynt Cymru, roedd y gyfres Gymraeg yn
dechrau mynd yn flinedig, ac wedi colli'i hegni.

Fe ddaeth y bartneriaeth gomedi i ben ym mis Mai 1974, ar ôl
i Ronnie dderbyn cyngor gan y seiciatrydd, Dafydd Huws. A beth
oedd ymateb Ryan pan holwyd ef gan y wasg? Sôn am lwyddiant y
bartneriaeth? Cyfeirio at y ddealltwriaeth delepathig oedd rhwng
y ddau? Cydnabod cyfraniad pwysig Ronnie i'r ddeuawd? Wel
ddim yn hollol.

'Mae'n rhyddhad cael bod ar ben fy hun,' oedd ei ateb i Alex
McKinty o'r *South Wales Echo*, pan ofynnodd i Ryan sut oedd o'n
teimlo ynglŷn â'r bartneriaeth yn dod i ben.

'I don't want to sound cruel, but I'm relieved I'm on my own.
We were both limited as a patter act. Now I'm singing better songs,
I'm performing better and I feel happier. I feel I'm able to develop
and perform with more freedom.'

Dim gair am Ronnie. Roedd Ryan eisoes yn dechrau gwireddu'i
freuddwydion annibynnol, a gweledigaeth Geraint Stanley. A
Ronnie?

Roedd o wedi hen gychwyn ar daith hunllefus fyddai'n ei
arwain, yn y pen draw, ar hyd y ffordd lydan i gyfeiriad y bont yn
Aberteifi.

Fo a Fe . . . a fe

Allai sefyllfa Ryan ddim bod yn fwy gwahanol i un Ronnie. Erbyn hyn roedd ganddo gynorthwy-ydd personol i ofalu amdano. Byddai Mike Evans, oedd yn gyn-gyflwynydd ar Radio City Ysbyty Singleton yn galw yn Hafod y Gân, ei gartref yn Langland ar gyrion gorau Abertawe, ac yn ei yrru i'r cyngherddau a'r nosweithiau *cabaret*. Cyn iddo gael asiant yn Llundain, Mike i bob pwrpas oedd ei reolwr, ac roedd yntau fel pawb arall, yn tystio i'r ffaith fod Ryan yn gweithio'n afresymol o galed. Ceisiodd Mike berswadio Ryan i weithio llai am fwy o arian.

'I used to ask him,' meddai, 'Why don't you halve the work and double your fee? As his manager, all I could do was manage to keep up with him. He lived his life as if he knew it was going to be shortlived.'

Sy'n atgoffa rhywun o frawddeg a briodolwyd i'r actor ifanc, James Dean, a fu farw'n bedair ar hugain oed, 'Dream as if you'll live for ever; live as if you'll die today.'

Oedd, roedd Ryan yn gweithio'n galed. Ond nid oherwydd ei fod yn poeni y byddai'n marw'n ifanc. Roedd perfformio fel cyffur yn ei waed, a gweithio'n galed yn rhan annatod o'i gymeriad. Yn ychwanegol at hyn, roedd o'n hynod o dalentog ac felly roedd pawb eisiau darn ohono. Dim ond deugain oedd Ryan pan fu farw, wedi cyflawni'r cyfan a gyflawnodd fel perfformiwr proffesiynol mewn llai na deuddeng mlynedd – ond heb wireddu'i freuddwydion.

Mewn sgwrs gyda Mike Evans, cefais enghraifft ganddo o ddiwrnod digon arferol ym mywyd Ryan. Byddai Mike yn galw heibio'r tŷ a gyrru Ryan ddau gan milltir i Fangor, lle roedd o'n westai ar ôl cinio. Gadael y cinio i berfformio mewn *cabaret* yn Amlwch ac yna mewn *cabaret* arall am hanner nos yng ngwesty Bae Trearddur. Yn oriau mân y bore, teithio 'nôl i Gaerdydd ar gyfer ymarferiadau *Fo a Fe* y diwrnod canlynol.

Mae'r actores Gaynor Morgan Rees yn gallu cadarnhau'r ffaith fod Ryan yn gweithio'n beryglus o galed. Pan oedden nhw'n ffilmio *Fo a Fe* un noson, bu'n rhaid cael toriad am deirawr oherwydd fod Ryan yn perfformio mewn clwb rhwng naw a hanner nos. Ac wrth gwrs, roedd y cyfuniad o deithio a gweithio bob awr o'r dydd a'r nos yn dechrau cael effaith andwyol ar ei iechyd. Tua'r un adeg ag y bu Gaynor yn actio gyda Ryan yn y gyfres *Pen ei Dennyn*, wedi'i lleoli mewn ysgol lle roedd Ryan yn brifathro, mae hi'n cofio'n dda iddi orfod ei gynnal yn gorfforol ar un achlysur, pan gafodd bwl o asthma a fyntau ar fin mynd ar y set i berfformio, ac yn methu cael ei wynt.

Roedd yn cario pwmp asthma gydag o bob amser. Doedd o byth yn bell o'i afael, na'r botel o ffisig gwyn ar gyfer y poenau yn ei stumog. Dau chwistrelliad ac ymlaen â fo. Pan ofynnodd Gaynor iddo unwaith, ac yntau wedi cael pwl arall, ai fo fyddai'r dyn cyfoethocaf yn y fynwent, ateb Ryan oedd: 'Ma rhaid i ti 'i 'neud e tra ti'n *flavour of the month* – tra bo nhw'n galw amdanat ti.'

Ac mi roedd galw mawr am ei wasanaeth. Yn wir, yn y ffilm *How Green Was My Father*, fe chwaraewyd y rhannau i gyd gan Ryan. Golwg ddychanol ar y Cymoedd oedd wrth wraidd sgript Harri Webb. Roedd Hollywood wedi creu delwedd o'r cymoedd lle roedd pob glöwr yn canu wrth fynd i'w waith, pob bocsiwr yn well nag unrhyw focsiwr yn y byd, a phob 'Mam' yn sefyll wrth y bwrdd yn llifio tafelli o fara i'r teulu. *A coaltip of cliches* oedd disgrifiad y cynhyrchydd Richard Lewis o'r darlun a grëwyd o fywyd pobl y Cymoedd. Felly fe aeth Harri Webb ati i gymysgu'r ffeithiau gyda'r chwedlau, y presennol gyda'r gorffennol, nid fel yr oedd mewn gwirionedd, ond fel roedd pobol yn ei gofio. I ganol y darlun hwn mae Jenkin Jenkins The Third Junior yn camu – y Cymro Americanaidd sydd wedi dychwelyd i chwilio am ei berthnasau a'i wreiddiau. A chan fod pawb yn y Cymoedd, yn ôl Harri, nid yn unig yn edrych yn debyg i'w gilydd ond yn perthyn i'w gilydd yn ogystal, yn hytrach na chael gwahanol actorion i chwarae'r gwahanol gymeriadau, beth am gael Ryan i'w chwarae nhw i gyd – fel Alec Guinness yn *Kind Hearts and Coronets*?

Ryan ydi Jenkins, y Cymro Americanaidd, a'r gorsaf-feistr, a'r prifathro, a'r pregethwr lleol, sy'n ddarlun dychanol o Eli Jenkins yn *Under Milk Wood* – pawb yn wir, ond llais Max Boyce, sy'n cynrychioli Ysbryd y Cymoedd. Mae teitl y ffilm, *How Green Was My Father*, yn gyfeiraid bwriadol at ffilm Hollywood arall a seiliwyd ar nofel ramantus Richard Llewellyn, *How Green Was My Valley,* wedi'i chyfarwyddo gan John Ford, ac wedi'i saethu yn America, lle crëwyd y syniad Americanaidd o bentref glofaol Cymreig yn Malibu Canyon! Drwy gydol ffilm Ryan, ceir cyfeiriadau cynnil, dychanol at ganfyddiad Hollywood ers dyddiau ffilm Ford o Gymru a'r bywyd Cymreig. Pan mae Jenkin Jenkins yn camu oddi ar y trên ac yn rhoi 'i droed ar blatfform gwag gorsaf drenau Jenkinstown am y tro cyntaf, fe gawn ein hatgoffa o'r ffilm *High Noon* gyda Gary Cooper. Mae'r ffilm yn gorffen ym mynwent Capel Jerwsalem, lle mae Jenkin Jenkins yn sefyll yng nghanol y cerrig a'r glaw. 'A *tour de force*' oedd un sylw yn y wasg ac mae'n anodd meddwl am unrhyw actor arall yng Nghymru ar y pryd a allai fod wedi efelychu camp Ryan.

Ond doedd pawb ddim yn hael eu canmoliaeth i Ryan. Dyma oedd gan y corff parchus hwnnw, Pwyllgor Materion Cymdeithasol y Methodistiaid Calfiniaid, i'w ddweud am un o gymeriadau Ryan, yn *Y Goleuad*:

Andwyir rhaglen deuluol dda fel *Fo a Fe* gan y defnydd
aml a wneir o regfeydd, cabledd ac yfed diodydd
meddwol, nad ydynt yn aml yn cyfrannu dim at gomedi
sefyllfa nac at gyfoeth cymeriad.

Dwi'n amau'n fawr a fyddech chi wedi cael llawer o gefnogaeth
i'r farn gul honno gan unrhyw un ymhlith y chwarter miliwn o
bobol a oedd yn gwylio *Fo a Fe* bob wythnos. Agosach ati o beth
wmbreth oedd y llythyr hwn, a ymddangosodd yn *Y Faner:*

> Yn sicr, mae rhan helaeth o'r llwyddiant yn deillio o
> fywiogrwydd y cymeriadau eu hunain – Fo a Fe a'u plant
> dioddefus. Mae'r amseru yn y ddeialog yn berffaith,
> mae'r cyferbyniad rhwng Guto Roberts a Ryan Davies yn
> feistraidd, ac mae brwdfrydedd a mwynhad yr actorion,
> y pedwar ohonynt, wrth eu gwaith yn wefreiddiol.

Fe gymerodd hi ddeng mlynedd i'r gyfres boblogaidd hon weld
golau dydd. Roedd y gyfres wedi'i lleoli yn y Rhondda, yng nghartref
pâr priodasol ifanc oedd yn byw gyda thad yng nghyfraith y gŵr,
Twm Twm – sef cymeriad Ryan. Yn wreiddiol, ac anodd dychmygu
hynny erbyn heddiw, doedd dim sôn amdano 'Fo'. Penderfynwyd
nad oedd sgript Rhydderch Jones yn ddigon cryf, a bod angen elfen
arall er mwyn cryfhau'r sefyllfa, a'r gomedi, ac felly bu'n gorwedd
ar ryw silff mewn swyddfa yn hel llwch. Dangosodd Rhydderch y
sgript i'w ffrind, y dramodydd Gwenlyn Parry, ond doedd yntau
chwaith ddim yn credu fod y strwythur fel ag yr oedd yn ddigon
da i gynnal cyfres. Roedd angen yr 'X-ffactor', ac fe'i cafwyd pan
ddaeth tad Gwenlyn i lawr i Gaerdydd i aros efo'i fab, gan synnu a
rhyfeddu at fywyd y brifddinas.
Disgrifiad Rhydderch o dad Gwenlyn oedd 'gŵr hynaws, a

diwylliant y chwarel yn ei wythiennau'. Cofiodd Gwenlyn am
y sgript oedd yn hel llwch, ac awgrymodd i Rhydderch y gellid
ychwanegu un cymeriad arall at y stori, fyddai'n gyferbyniad iddo
'Fe', yr Hwntw Twm Twm, sef Ephraim Hughes, y 'Fo' o'r Gog.
Dau fyd yn cyfarfod, a ffrwydriad diwyllianol a gwleidyddol yn
ganlyniad. Fe â'i fand pres, ei glomennod, ei gwrw a Karl Marx,
a Fo ar y llaw arall tu ôl i'w harmoniwm yn canu'i hoff emynau,
yn llwyrymwrthodwr, yn gapelwr ac yn addoli Lloyd George. Fo
a fe. Gogledd a de. Sefyllfa hanfodol Gymreig a Chymraeg. Y
ddau yn byw gyda'u plant, Gaynor Morgan Rees a Clive Roberts,
mewn tŷ clawstroffobig yn y Cymoedd, lle na fedrai neb ddianc,
ar wahân i Twm Twm efallai, pan fyddai'n mynd i lawr i'r Con
Club am beint, i siarad gyda Ieuan Rhys Williams, ac ar ôl
hynny Dillwyn Owen, y ddau fu'n chwarae'r cymeriad lliwgar
Wil Chips, sef stiward y Con Club. Gyda llaw, fe gofiwch mai
enw llawn Ryan oedd Thomas Ryan Davies, ac mai fel Twm y'i
hadnabyddid yn y Llu Awyr; a Thomas oedd enw ei dad, felly
dyna o ble daeth y Twm Twm.

Mae'n bwysig cofio fod y gyfres yn cael ei darlledu yn ystod
cyfnod yn ein hanes pan oedd yr elyniaeth rhwng y Gogs a'r Hwntws
yn ffaith, a theithio'n gyson rhwng gogledd a de yn rhywbeth prin
iawn. Yn wir, mae Twm Twm yn crisialu teimladau nifer fawr o'i
gyd-Gymry, yn un o'i ddadleuon mynych efo Ephraim:

> Twm Twm: Biti na fydden nhw wedi bildo wal o
> Aberystwyth i Builth Wells, a stopo Gogs fel
> chi ddod lawr 'ma.
>
> Ephraim: 'Da i ddim i ddadla efo chi...
>
> Twm Twm: Hanner can milltir o weiren bigog, ugen
> llath lan; *passports* a stamps *visas* i chi. *All
> Gogs is verboten.*

Mae Gaynor Morgan Rees yn cofio'r cyfnod recordio yn dda:

> Oherwydd nad oedd pobol yn teithio lawer rhwng de a
> gogledd, ac felly yn cael trafferth i ddeall y naill a'r llall,
> roedd 'na jôc yn mynd o gwmpas ar y pryd mai hanner
> y gynulleidfa oedd yn deall hanner y rhaglen. Roedden
> ni'n recordio'r gyfres yn Birmingham a bysio pobol
> i mewn o ogledd Cymru a Chymdeithasau Cymraeg
> Birmingham. Greddf yr actor wrth gwrs ydi perfformio
> i'r gynulleidfa, yn y stiwdio, fel tae nhw mewn theatr,
> yn hytrach nag i'r gynulleidfa anweledig. A hwyrach
> fod 'na dueddiad i Ryan or-actio ar brydiau. Roedd hi'n
> rhyfedd iawn gweld Ryan, gyda chap fflat am ei ben,
> mwffler am ei wddwg a chot oedd ddim yn ei ffitio,
> fel Twm Twm un funud, ac yna ymhen ychydig oriau,
> gweld y trawsnewidiad o'r Twm Twm dadleugar i Ryan
> y perfformwir *cabaret* hyderus, melfedaidd ei lais, a
> slic ei ymarweddiad yn ei DJ smart. Bydden ni'n aros
> mewn gwesty yn Birmingham, a doedd Ryan ddim
> yn brin o gwmni. Mae llwyddiant yn *aphrodisiac*, ac
> roedd Ryan yn pefrio os oedd 'na bobol o'i gwmpas.

Fe ddywedodd Ronnie rywbeth tebyg wrth ddisgrifio taith mewn
car efo Ryan, 'Os mai dim ond ni'n dau o'dd yn y car, bydde Ryan
yn cadw'n weddol dawel. Ond os odd tri, yna roedd hynny'n
gynulleidfa – a bydde Ryan yn perfformio.' Roedd yr actores Ruth
Madoc, fu'n cydgyflwyno gyda Ryan ar y rhaglen *Poems and Pints*
yn dehongli carisma Ryan mewn ffordd wahanol. 'He was a very
sexy man,' meddai, 'and I'm sure a lot of women felt the same.'

Sammy Davies Jnr Cymru

Fe gyfeiriwyd eisoes at y ffaith fod Ryan, mewn cyfweliad ag Alex McKinty o'r *South Wales Echo*, wedi mynegi rhyddhad o fod ar ben ei hun, gwta bum mis ar ôl i'r bartneriaeth ddod i ben. Ac er fod ei wraig Irene, oedd yn angor yng nghanol prysurdeb gwallgo bywyd ei gŵr, ac yn un y byddai'n troi ati'n aml am gyngor, wedi awgrymu fod Ryan yn petruso wrth feddwl am y dyfodol, nid dyna'r argraff a geir wrth ddarllen y cyfweliad gyda McKinty. Ceir darlun o Ryan hyderus, penderfynol, sydd eisoes yn gwybod yn iawn i ba gyfeiriad y mae'n teithio – ac nid ar hyd y lôn lydan sy'n arwain i ddistryw yr oedd y cyfeiriad hwnnw.

> Ryan puffed on menthol cigarettes as he told me how he was developing his act to appeal to an international audience. His ambition is sharp, and his two-year plan to hit the big time fills him with excitement and zeal.

I'r rhai sy'n dweud nad oedd Ryan yn coleddu breuddwyd o fod yn seren tu allan i Gymru, dyna'r dystiolaeth o'i enau ei hun. Ond, mewn erthygl yn y *Guardian*, ar ôl gweld Ryan yn perfformio mewn pantomeim yn Theatr y Grand, mae Graham Jones yn mynegi'i amheuon am allu Ryan i gystadlu ar y llwyfan rhyngwladol.

> He was always the best of the Ryan and Ronnie partnership and it was felt by some that he should have 'gone it alone' long ago. He is a tremendously versatile

comedian – he can sing well, dance, tell a good story, do
impressions, and has shown his considerable talents as
a straight actor. He deserves to succeed internationally.
Yet, I wonder. I miss Ronnie. Ryan seems to me to need a
partner, a butt for his humour. In spite of his versatility,
he is limited in range, his appeal as a comic and I doubt
if it can be exported.

Mae sylwadau Graham Jones yn ddiddorol yng nghyd-destun y
sioe lwyfan a recordiodd Ryan yng nghlwb y Double Diamond
yng Nghaerffili ym mis Hydref 1974. Sioe un-dyn, yn Saesneg,
oedd hi, a sioe Americanaidd ei naws hefyd, er ei bod hi'n cael ei
darlledu ar Ddydd Gŵyl Dewi. I sŵn Big Band Benny Litchfield
yn chwarae'r cyflwyniad i'r gân gynta, mae Ryan yn neidio ar y
llwyfan yn ei DJ dywyll a'r crys oren, ac yn dechrau canu 'I wanna
be happy, but I won't be happy, till I make you happy too'. Caewch
eich llygaid ac fe glywch lais un o arwyr Ryan, Sammy Davis
Junior. Agorwch eich llygaid ac fe welwch Sammy Davis Jnr yn
perfformio – yr unig beth sy'n wahanol yw lliw'r croen. Y ddau'n
fychan o gorffolaeth, gyda'r un siâp trwyn fel Punch, yn symud
yn osgeiddig, ysgafn-droed, ac yn canu'n rhwydd a didrafferth,
gyda steil. Yn nyddiau *Ryan a Ronnie* roedd y pwyslais ar gomedi,
gyda chân ar y diwedd, ac weithiau un gân yng nghanol y sioe.
Ond ar ganu a cherddoriaeth, mae'r pwyslais yn y sioe hon, ac yn
wir, o edrych yn ofalus ar berfformiad Ryan, does dim dwywaith
nad ydi o'n hapusach yn canu nag ydi o'n sefyll ar ei ben ei hun ar
y llwyfan yn dweud jôcs, ac mae o'n fwy cyfforddus yn dweud y
jôcs hynny yn acen y Cymoedd, mewn cymeriad, yn hytrach nag
fel Ryan Davies.

Yn ddiweddarach, ar ôl iddo ganu 'You are my sunshine' wrth y
piano yn null Elvis Presley, mae Ryan yn cyflwyno seren y noson,

ac mae'r seren hefyd yn dod o America, ac yn cerdded i mewn yn cario candelabra gyda'r canhwyllau coch wedi'u goleuo'n barod. Does dim amheuaeth pwy ydi'r gŵr sy'n eistedd tu ôl i'r piano, mewn wig fawr wen, clamp o dei bô a set o ddannedd gosod mwy. Bob tro mae o'n gwenu, fe welwn fod ei ddannedd yn edrych fel nodau gwyn a du y piano. A chyda gwên lydan, ffals, mae o'n cyhoeddi mewn acen Americanaidd ei fod o, Liberace, yn mynd i chwarae 'Blue Danube' ar y piano. Mae'n gwneud hynny'n feistrolgar, ac mae'r sioe'n cloi, fel yr agorodd hi, yn America, gyda Ryan yn neidio ar ben y piano ac yn canu 'My kind of town, Chicago is'. Wrth ei wylio'n canu'r gân gyda chymaint o arddeliad, fyddech chi ddim yn synnu pe bai wedi ymateb i'r bonllefau o gymeradwyaeth drwy ganu 'New York, New York', fel encôr – y gân fyddai'n fynegiant uniongyrchol o'i ddyhead i fod yn 'King of the hill, Top of the heap.'

Yn ei eiriau ei hun unwaith eto yn y *South Wales Echo*, wythnos ar ôl recordio'r sioe *cabaret* yn y Double Diamond, roedd Ryan yn gweld ei hun yn canu yn y llefydd gorau yn y dyfodol, ac nid mewn neuaddau pentref. 'I could do the clubs for the next 15 years, but unless they are the Double Diamonds, or dare I say it, the Las Vegases of this world, I wouldn't want that.'

O dan y benddelw ohono yng nghyntedd y BBC, mae dyfyniad o eiddo Ryan: 'Laughter is the same in both languages'. Hwyrach y gellid ychwnegu – 'but it pays better in English…' a byddai'n sicr yn talu'n well yn America. Oedd, roedd Ryan yn gwybod yn union beth oedd arno'i eisiau ac i ba gyfeiriad yr oedd o am fynd.

*

I gyfeiriad y gogledd yr aeth Ronnie, i gartre teulu ei wraig Einir, sef y Gro, ym Metws Gwerfyl Goch. Gŵr ar ffo oedd o. Gŵr yn awyddus i ddianc rhag ei orffennol, fel y dyn ifanc yng ngherdd boblogaidd Gwilym R. Jones ar y pryd, 'Cwm Tawelwch':

> *I ble yr ei di, fab y fföedigaeth,*
> *A'th gar salŵn yn hymian ar y rhiw*
> *a lludded yn dy lygaid?*
> Rwy'n chwilio am y Cwm
> Tu draw i'r cymoedd,
> Am Gwm Tawelwch....
>
> Cawn yno sgwrs â'm henaid
> A hoe i drefnu 'mhecyn at y dywyll daith.

Nid llwyddiant oedd nod Ronnie, ond yn hytrach llonyddwch. Roedd wedi blasu llwyddiant, ac roedd y llwyddiant hwnnw wedi gadael blas chwerw yn ei geg, na allai hyd yn oed y fodca mynych mo'i ddileu. Ers bron i ddeng mlynedd roedd y teithio a'r perfformio wedi bod yn ddi-baid, a'r pwysau'n ddidrugaredd. Yn wahanol i Ryan, doedd gan Ronnie ddim stôr barhaol o egni oedd yn ei fwydo'n gyson, ac o'r herwydd, ar ôl i'r bartneriaeth chwalu, roedd o mewn lle tywyll iawn, yn dioddef o iselder, cyflwr oedd yn rhan o'i natur erioed. Dyna oedd barn y seiciatrydd Dafydd Huws yr aeth Ronnie i'w weld cyn yr wythnos olaf honno yn y Double Diamond. Yng ngeiriau Ronnie, 'Nid *break-up* oedd hi, ond *break-down*. Doedd dim petrol ar ôl yn y tanc. O'n i'n teimlo fod pob owns o nerth oedd gen i wedi cael ei sugno mas o nghorff i.'

Teimlai Ronnie hefyd erbyn y misoedd olaf gyda Ryan nad oedd ei farn ef am gynnwys y rhaglenni'n cyfrif dim. Teimlai fod Ryan yn cael gwrandawiad teg bob tro, ond ei fod yntau yn cael ei ddiystyru'n gynyddol.

Trafododd Ronnie ac Einir y posibilrwydd o symud i'r gogledd yn ystod y cyfnod hwn, cyn i Ryan a Ronnie ymwahanu. Roedd cadw tafarn yn apelio'n fawr. Wedi'r cwbl, roedd yn fab i Iori, cyn-dafarnwr y Ceffyl Du yng Nghaerfyrddin, a'r Polyn cyn hynny. Gwyddai am ardal Cerrigydrudion, a Betws Gwerfyl Goch ers y chwedegau cynnar pan oedd yn canlyn Einir ac yn mynd i'r gogledd i aros, weithiau am wythnosau. Daeth i adnabod pobol yr ardal yn dda – a'r cyrsiau golff, hefyd. Pan glywsant fod tenantiaid y White Lion yng Ngerrigydrudion ar fin rhoi'r gorau iddi, gwelsant eu cyfle, cysylltwyd â'r bragdy, cawsant gyfweliad a chawsant eu derbyn. O fewn ychydig wythnosau roedd Einir a Ronnie a'u plant Arwel a Bethan wedi gadael Rhiwbeina, Caerdydd i ddechrau bywyd newydd yn y gogledd.

Yn naturiol, roedd cael seren y sgrin deledu yn dafarnwr yn y White Lion yn atyniad mawr, a phan benderfynodd Ronnie fod angen ymestyn y dafarn er mwyn creu ystafell lle gellid cynnal nosweithiau llawen a chyngherddau, buan iawn y daeth y Lion yn Cerrig yn atyniad poblogaidd ar nos Sul – diolch i fenthyciad hael gan y banc, a chan ffrindiau agos fel Stewart Jones, a roddodd fenthyg £4,000 o bunnau iddo.

Perswadiodd Ronnie neb llai na Ken Dodd i ddod draw i agor y dafarn yn swyddogol. Ond faint fyddai pris mynediad? 'Wel,' meddai Ken, 'mae'r lle'n dal rhyw ddau gant. Felly fe goda i bum punt y pen.' Mil o bunnau. Diolch yn fawr.

'*On the house*, boi; dala i am hon.' Roedd Ronnie'n hael iawn ei groeso, ac roedd ei law yn mynd i'w boced yn amlach nag oedd yr arian yn mynd i'r til. Mae Dilwyn Roberts yn cofio cael gwahoddiad i fynd i'r Lion i berfformio ar nos Sul. Fo oedd yn chwarae'r organ i un o ddeuawdau mwyaf poblogaidd Cymru ar y pryd, sef Emyr ac Elwyn. Ar ôl eu clywed yn canu, a gwrando ar jôc neu ddwy gan Emyr, roedd Ronnie wedi clywed digon i wybod, ar sail ei brofiad yn y busnes, mai Emyr oedd y seren, ac y dylai Dilwyn ac Elwyn chwarae yn y cefndir. Ond roedd o eisiau i Emyr newid ei enw hefyd.

'Beth ti am alw dy hunan?' oedd cwestiwn Ronnie iddo.

'Wel, dwi'n licio Gari Tryfan ar y radio,' meddai Emyr, 'a dwi'n hoff iawn o Idwal Jones, Llanrwst, hefyd.'

''Na fe te. Gari Williams wyt ti o hyn ymlaen.' A hanes yw'r gweddill...

Pan fyddai'r criw y bu Ronnie'n perfformio gyda nhw – Ryan, Alun Williams, Bryn Williams, Janet Thomas – yn yr ardal yn cynnal noson lawen, fe fyddent yn galw heibio'r Lion, a weithiau byddai Ryan a Ronnie'n perfformio gyda'i gilydd unwaith eto. Mae Einir yn cofio'r criw yn galw un nos Sul a hithau'n mynd i'r llofft gyda Ryan yn ystod y canu gan ddychwelyd ymhen rhyw chwarter awr efo Ryan wedi gwisgo rhai o'i ddillad hi. I lawr y grisiau â fo, a sefyll tu ôl i'r bar, fel Phyllis y *barmaid* efo'i wefusau'n lipstic i gyd a'i lygaid yn llawn masgara, a chynnal sgwrs, fel yn yr hen ddyddiau. Ond, yn ôl Einir, er bod sibrydion ar led ar y pryd fod Ryan a Ronnie am ailddechrau eto, doedd byth obaith i hynny ddigwydd. Roedd Ronnie'n mwynhau camu'n ôl i'r byd *showbiz* weithiau, ond dim ond am noson. Dim mwy na hynny.

Yn y White Lion roedd ganddo gynulleidfa barod oedd yn eiddgar i wrando arno'n hel atgofion am gyfnod euraidd Ryan a Ronnie, am y teithiau o amgylch Cymru yn y ddau Jag gwyn, a'r cyfnod yn Blackpool ar y Pier efo'r sêr. Mae'r actor Dafydd Hywel yn cofio galw yno efo Clwb Rygbi Cymry Caerdydd a Ronnie'n eu croesawu drwy adael i'r hogiau rygbi fynd tu ôl i'r cowntar tra oedd o'n cario mlaen i yfed efo'r hogia lleol.

Er ei fod wedi troi'i gefn ar Gaerdydd, byddai'n dychwelyd yno'n achlysurol i actio ar y radio, gan adael Einir i ofalu am y

Lion. Ond heb yn wybod i Einir, byddai ymweld â stiwdios y BBC yn y ddinas yn cynnwys galw ar hen ffrind – roedd o hefyd yn gweld Lavinia, ei gariad o ddyddiau'r *Good Old Days* yn Blackpool, pan oedd hi'n un o ddawnswyr y sioe.

Ac roedd 'na *bad old days* ar y gorwel. Dychwelodd Einir i'r Lion un prynhawn, pan oedd Ronnie yng Nghaerdydd, a chael ei chroesawu gan yr Official Receiver. Roedd yr hwch wedi mynd drwy'r dafarn, a'r cyfan yn nwylo'r Derbynnydd. Aethpwyd â Ronnie i'r Llys yn Wrecsam, a chanfuwyd fod ei ddyledion i'r banc, y bragdy a'r dyn treth yn £28,000 o bunnau, sef £280,000 yn arian heddiw. Fe'u gorfodwyd i werthu'r tŷ yng Nghaerdydd, a rhoi'r cyfan i ddyn y dreth incwm. Talodd Einir rent ar dŷ cownsil ym Melin-y-wig, a symudodd i fyw yno gyda Bethan ac Arwel – ond heb Ronnie.

Dechrau'r diwedd i Ronnie

'Ryan a Ronnie ddaeth â *showbiz* i Gymru.' Mewn brawddeg, fe lwyddodd Cefin Roberts, cyn-actor a sylfaenydd Ysgol Glanaethwy, i grisialu dylanwad pellgyrhaeddol y ddau ar adloniant ysgafn yng Nghymru ddechrau'r saithdegau. Y nhw fyddai'r cynta i gydnabod eu dyled i'r traddodiad amaturaidd, ond yng ngeiriau Idris Charles, oedd yn trefnu nosweithiau Sêr Cymru yn y Majestic, Caernarfon tua'r un adeg:

> Roeddwn i'n teimlo fod angen pecynnu'r dalent yn well, felly fe es i ati i anelu at wella safon y nosweithiau adloniadol, yn arddull *Sunday Night at The London Palladium*. Fe gynhaliwyd y nosweithiau bob nos Sul unwaith y mis am ddwy flynedd. Roedd yr artistiaid wrth eu boddau'n perfformio mewn awyrgylch hollol broffesiynol. Artistiaid fel Margaret Williams, y Diliau, Perlau Taf, Bara Menyn, y Triban, Huw Jones, Hogia'r Wyddfa ac, wrth gwrs, Ryan a Ronnie.

Gyda llaw, roedd y ddau'n cael £30 yr un, gan gynnwys costau, am noson o'r fath. Byddai'r gynulleidfa yn y neuadd yn disgwyl gweld yr un safon ar y llwyfan ag a welsent yn gynharach yn yr wythnos ar y teledu, felly roedd yn rhaid trefnu'r cyfan i'r eiliad. Os oedd y noson yn dechrau am hanner awr wedi saith, byddai disgwyl i'r artistiaid gyrraedd y neuadd erbyn hanner awr wedi pump, ac erbyn hynny byddai'r meicroffôn ar ganol y llwyfan, y goleuadau'n cael eu gosod yn eu lle, a'r piano mewn tiwn neu'n cael ei thiwnio.

Mae'n anodd credu bellach nad dyma fu'r drefn erioed, ond roedd Charles Williams, tad Idris Charles, yn adrodd stori am gyfeilydd mewn 'consart' yn stwffio tair bricsen o dan y piano, a'r arweinydd yn gofyn iddo pam oedd angen gwneud hynny. 'Wel,' meddai'r cyfeilydd, 'ma hi dôn a hanner yn fflat.' Tydi honna ddim yn stori wir, wrth gwrs. Roedd y piano ddwy dôn yn fflat.

Byddai Ryan a Ronnie'n dod â'u band eu hunain efo nhw – artistiaid oedd yn chwarae yn y stiwdio yn ystod eu rhaglenni: Benny Lichfield neu Ted Boyce yn arwain, John Tyler ar y drymiau, Derek Boote ar y bas dwbwl ac Alun Williams ar y piano. Yn eu tro, deuai'r artistiaid at y meic i ganu llinell neu ddwy er mwyn sicrhau fod lefel y sain yn gywir, ac fe fyddwn innau, Glan Davies neu Alun Williams – pwy bynnag oedd arweinydd y noson – yn cerdded allan i wneud yn siŵr fod y meicroffôn wedi'i godi'n ddigon uchel, ac i gyfarch cynulleidfa ddychmygol:

Noswaith dda i chi gyd. Braf eich gweld chi. 'Dach chi'n licio'r siwt? Italian! Ia wir i chi. Mae na *spaghetti* lawr y ffrynt i gyd… Llongyfarchiada i'r merchaid, am wneud ymdrech heno a gwisgo'ch dillad gora… ew 'dach chi'n edrach fel gardd o floda genod. Ydach wir… Cofiwch chi, mae angen chwynnu yma ac acw… O'n i'n arwain cyngerdd yng ngharchar Dartmoor wythnos yn ôl a dwi'n edrach o nghwmpas heno. A wyddoch chi be? Dwi'n nabod un neu ddau o'r wyneba. Neis eich gweld chi allan. A 'dach chi allan mewn pryd i groesawu i'r llwyfan y triawd o Gaerdydd efo'r gwreiddiau Gwyddelig – Yr Hennessys!

Yna deuai llais o'r tywyllwch yng nghorff y neuadd, 'Diolch, Hywel. Reit, pawb i'r cefn…' Yng nghefn y neuadd, byddai cymysgedd o

Deuawd ddeinamig newydd: Ryan a Ronnie yn 1967.

Yn y dechreuad…

Y rhain ddaeth â *showbiz* i Gymru.

Canu yn rhaglen *Ryan a Ronnie, Gill a Johnny* gyda Bryn Williams.

Glamour y crysau ffrils...

Y rhaglen gyntaf gyda Johnny Tudor, Ryan, Ruth Madoc, Bryn Williams ac eraill.

Byd swreal rhaglenni plant.

Ryan ac Olwen Rees yn diddanu plant Cymru.

Further to our telephone conversation of this morning I have since been advised by Planning Department that the first programme in the "Ryan a Ronnie" series will now be recorded on Tuesday, 19th November 1968 instead of on Tuesday, 12th November 1968 as originally planned.

When we have had the planning meeting, however, I will get in touch with you to arrange a suitable time for the photo call on 19th November.

29th October 1968.

Llythyr Eirwen Davies yn ad-drefnu recordio'r rhaglen

RYAN AND RONNIE
BBC Wales and BBC 1, Wednesday, July 12.

They call Ryan and Ronnie the 'Morecambe and Wise of Wales'. But there is one difference: it took Eric Morecambe and his partner 25 years to get a BBC 1 contract; it took the Welsh comics only five. After three series of Welsh language programmes for BBC Wales which made them household names in Wales and one English series on BBC 1 last year Ryan Davies, LLANFYLLIN and GLANAMAN, and Ronnie Williams of CEFNEITHIN signed a three-year contract with BBC Light Entertainment.

Their new seven-week BBC 1 series 'Ryan and Ronnie' starting on Wednesday July 12 will be their first programmes under their new contract.

The series will follow a revue format of filmed and studio 'quickies', sketches with the support of Myfanwy Talog, CAERWYS and Bryn Williams, PONTYPRIDD, patter routines, four-part harmony comedy numbers and, in each programme, a guest star.

In the first programme the young CARDIFF folk singer Heather Jones who sings to her own guitar accompaniment will be making her appearance. Guests in future programmes are Y Triban, Margaret Williams, Marion Davies of 'The Ladybirds', Iris Williams, Bryn Williams and Ken Dodd.

Datganiad i'r wasg yn haf 1969, cyn darlledu cyfres Saesneg gyntaf Ryan a Ronnie.

RYAN AND RONNIE
BBC Wales and BBC-1 Wednesday, August 23.

Ken Dodd - without his Diddymen - will be joining Welsh comics Ryan and Ronnie in the last programme of their present series on BBC Wales and BBC-1 on Wednesday, August 23.

Cofnod y *Radio Times* o raglen olaf y gyfres Saesneg gyntaf.

Rhaglen *Ryan a Ronnie* gyda Margaret Williams,
Myfanwy Talog a Bryn Williams.

Bryn Williams, Ryan, Alun Williams a
Ronnie – y 'Barbershop Quartet'.

Heather Jones yn ymuno â Ronnie a...
Napoleon(!) yn y rhaglen Saesneg gyntaf, a
ddarlledwyd yn 1969.

Stewart Jones yn rhoi 'cic allan' o Pros
Kairon, y llety yr oedd yn berchen arno ar
y pryd yng Nghricieth, i Ronnie, Ryan, Bryn
Williams, Mari Griffith ac Alun Williams.

Portmeirion… ynteu Mecsico?

Y Gorllewin Gwyllt – gorllewin Cymru, hynny yw!

Myfanwy Talog, Ronnie, Bryn Williams a Ryan – Women of the WI.

Roedd y merched hardd bob
amser yn rhan o'r adloniant...

'Gwranda 'ma, gw' boi'.'

'Cofia tsieco'r print mân, Ron.'

Arwyddo 'contract y BBC'.

Arwyddo contract y BBC (go iawn).

"Ni 'di cyrraedd y *big time*, Ron..."

Dau wyneb cyfarwydd bellach.

Recordio'r rhaglen fyw. Shgwlwch, ma Mrs Windsor yn y gynulleidfa.

'Pan fyddo'r nos yn hir...'

Comedi gweledol yn
ogystal â geiriol.

Siwtiau melfed a llawer o hwyl.

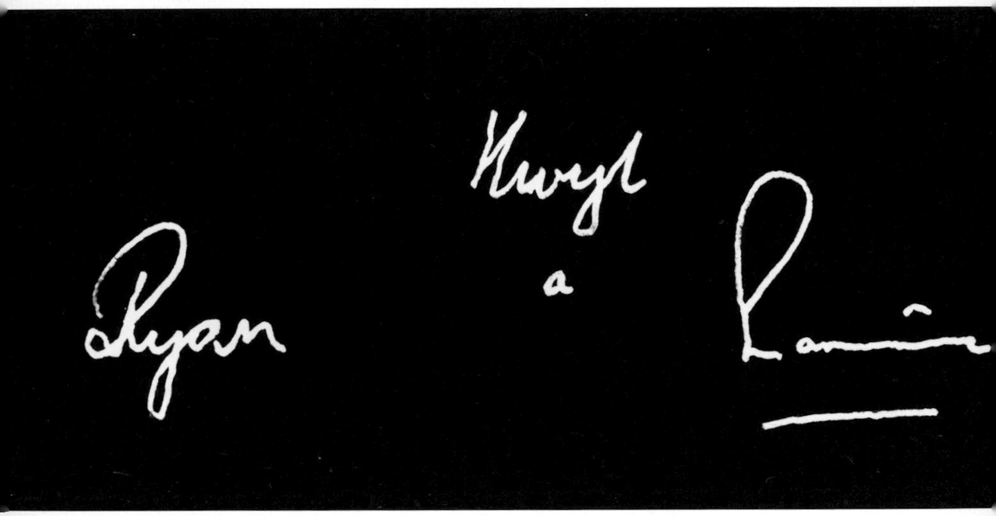
Ryan
a

bobol, yn ddynion a merched, yn newid drwy'r trwch, tra byddai Ryan a Ronnie'n penderfynu ar drefn y noson.

Gwaith y cyflwynydd oedd cadw'r gynulleidfa'n hapus, ond hefyd gwneud yn siŵr pan oedd yr Hennessys yn canu, fod Bryn Williams, neu'r Triban, y Diliau, neu Heather Jones, yn barod wrth ochor y llwyfan i ddŵad ymlaen heb unrhyw oedi. Pawb yn dod ymlaen o'r chwith, ac yn gadael y llwyfan ar yr ochor dde. Trefn. Trefn. Trefn. Ac ar ôl i Ryan a Ronnie gloi'r noson efo 'O Ble Gest ti'r Ddawn', neu 'Pan fyddo'r Nos yn Hir', neu 'Green Green Grass of Home', byddai Ryan a Ronnie'n gadael y llwyfan, y cyflwynydd yn dod yn ôl ac yn cyflwyno'r holl artistiaid a phawb yn dychwelyd i'r llwyfan yn drefnus o'r chwith i sŵn y band yn chwarae, a'r gynulleidfa'n codi ar ei thraed i ganu 'Hen Wlad fy Nhadau'. Yng Nghymru'r chwedegau, roedd trefn o'r fath ar lwyfan y noson lawen, neu'r cyngerdd, yn ddatblygiad newydd, a Ryan a Ronnie, i raddau helaeth, fu'n gyfrifol am y newid hwnnw, a'r ffaith fod yr artistiad i gyd wedi cael y profiad o ymddangos ar raglenni fel *Hob y Deri Dando* a *Disc a Dawn*.

Erbyn canol y saithdegau, ar ôl i Ryan a Ronnie wahanu, roedd Ryan mor brysur ag erioed, ond prin iawn oedd y cynigion a gâi Ronnie. Y gred gyfeiliornus, hyd yn oed ymhlith cynhyrchwyr a chyfarwyddwyr, oedd mai Ryan oedd yn cynnal Ronnie i raddau, ac nad oedd gyrfa i Ronnie heb Ryan.

Yn 1977, ar ôl i'w briodas chwalu, ymunodd Ronnie â Chwmni Theatr Cymru, nid fel actor, ond fel Swyddog Marchnata. Yn eironig ddigon, fo oedd yn gyfrifol am geisio llenwi'r neuaddau hynny yr oedd o a Ryan wedi'u llenwi'n ddidrafferth, ddwy waith drosodd, dair blynedd ynghynt.

Ymhlith actorion craidd y cwmni roedd Myfanwy Talog, Cefin Roberts, Dyfan Roberts, Mei Jones, John Pierce Jones a Wyn Bowen Harries, ynghyd â Siôn Eirian fel sgwennwr. Cyfarwyddwr y cwmni oedd Wilbert Lloyd Roberts. Pan ymunodd Ronnie, roedd y cwmni ar daith efo'i gynhyrchiad cyntaf – cyd-gynhyrchiad gyda'r Coleg Normal o ddrama Huw Lloyd Edwards, *Y Lefiathan*, gyda'r actor J. O. Roberts yn cyfarwyddo. Er mai swydd farchnata oedd gan Ronnie, roedd yr ysfa i sgwennu'n parhau, ac erbyn i daith *Y Lefiathan* ddod i ben, roedd pantomeim Ronnie, yn seiliedig ar hanes Madog yn darganfod America, yn barod. Wrth gwrs, gwyddai Ronnie o brofiad sut i wneud i gynulleidfa pantomeim chwerthin, ar ôl ei brofiad helaeth yn y Grand yn Abertawe. Bryn Williams, actor a chanwr cyson yng nghyfresi *Ryan a Ronnie*, oedd i actio Madog, a Valmai Roberts oedd Mrs Madog. Pennaeth yr Indiaid brodorol oedd Gari Williams, ac roedd Ronnie wedi sicrhau rhan fechan iddo'i hun hefyd fel y doctor ar y daith. Rhan fechan ai peidio, roedd Ronnie, yn ôl Cefin, yn awyddus i greu argraff:

> Ronnie oedd yn cyfarwyddo'r panto, ond doeddwn i ddim yn cael yr argraff fod ei galon yn y gwaith. Actor oedd o. Doedd o ddim yn hapus yn y cefndir. A dyna pam roedd o'n dŵad i lwyfan y panto, o'r bar, a thrwy'r gynulleidfa. Roedd o eisiau dweud wrth y gynulleidfa: ''Dach chi'n gwybod pwy ydw i? 'Dach chi'n fy nghofio fi efo Ryan? Wel rŵan dw i ar ben fy hun, ac yn dal i weithio.'

Roedd hi'n amlwg hefyd fod Ronnie'n hapus iawn i fod yn gweithio efo Gari Williams. Câi flas ar greu 'busnes' digri, fel y gwnâi ar gyfer y cyfresi teledu gyda Ryan. A chan fod y cyfnod hir a dreuliodd efo Ryan yn parhau'n friw agored, Gari oedd y balm.

Ronnie fyddai'n arwain y bywyd cymdeithasol ar unrhyw daith, a chan ei fod yn adnabod pob tafarn yng Nghymru ar ôl dyddiau Ryan a Ronnie, a phob tafarnwr yn ei adnabod o, ac yn cofio'r nosweithiau hwyr a'r canu tan oriau mân y bore, roedd o'n cael croeso mawr lle bynnag yr âi. Er y byddai bob amser yn llawn hwyliau, gallai ei hiwmor fod yn dywyll ar brydiau, ond rhoddai'r argraff o leia, er gwaetha'r problemau yn ei fywyd, fod bywyd i'w fyw, hyd yr eithaf.

Ond roedd ochor dywyll i gymeriad Ronnie, a amlygai ei hun yn rhy aml yn ei fywyd personol. Gwesty'r Castle ym Mangor oedd ei gartre yn ystod ei gyfnod ym Mangor. Yn ôl ei gyn-wraig, Einir, yfai'n drwm ac yn gyson, ac un noson pan oedd ei blant Arwel a Bethan wedi mynd draw i dreulio'r penwythnos gyda'u tad, ac yntau wedi cael mwy na digon i'w yfed, fe'u gadawodd yn y gwesty, ar eu pennau eu hunain, a gyrru'r holl ffordd i gartre Einir. Parciodd ei gar i lawr y lôn, lle na fyddai'n cael ei weld, ac ar ôl torri i mewn i'r ty, arhosodd i Einir ddod adre. Cyrhaeddodd hithau ymhen hir a hwyr, gyda'i ffrind Jac, a chychwyn i fyny'r grisiau. Ar dop y grisiau roedd Ronnie'n aros amdanynt. Daeth i lawr i'w cyfarfod a'u gwthio yn eu holau. Amddiffynnodd Einir ei hun gan wthio Ronnie allan o'r tŷ. Aeth yntau i'w gar a gyrru'r holl ffordd yn ôl i Fangor.

O dan ddylanwad y ddiod, gallai Ronnie weithredu mewn modd hollol anghyfrifol ac annisgwyl. Rhoddai'r argraff ar brydiau nad oedd rheolau ymddygiad synhwyrol wedi'u creu ar ei gyfer o. Teimlai fod ganddo'r hawl i weithredu fel y dymunai. Ac wrth i'r yfed gynyddu, fe waethygodd y cyflwr hwn a'r ffordd o feddwl.

Plannwyd hadau'r cyflwr yn ystod ei gyfnod gyda Chwmni Theatr Cymru, ugain mlynedd ynghynt. Er mwyn codi arian i'r cwmni, fe benderfynodd gynnal raffl, gyda char yn brif wobr, a'r arian o werthiant y tocynnau'n mynd i gronfa'r cwmni theatr. Mae Siôn Eirian yn cofio gweld Ronnie'n eistedd ar y prom yn

Llandudno, tu ôl i fwrdd, gyda chriw o ferched del o'i gwmpas yn ceisio denu'r ymwelwyr i brynu tocynnau. 'Mini oedd y wobr gyntaf, ond welodd neb mo'r car. Gwerthwyd cannoedd o docynnau. Faint o arian gasglwyd, ac i ble'r aeth yr arian? Pwy a ŵyr?'

Mae'n ddirgelwch sut cafodd Ronnie, ac yntau'n fethdalwr, drwydded i gynnal y raffl o gwbwl. Cynigiwyd car yn wobr: ble roedd y car? A aeth yr arian i goffrau'r cwmni?

Gadawodd Ronnie Fangor a'r cwestiynau hynny heb eu hateb. Aeth yn ôl i Gaerdydd, ac fe fu'n ddigon ffodus i gael gwaith, fel gyrrwr tacsis i gwmni Castle Cabs.

Yn y Grand – ac yn y gro

Byddai'n eironig o drist pe bai Ronnie, drwy ffenest ei dacsi, wedi sylwi ar y poster tu allan i'r Theatr Newydd yng Nghaerdydd, wrth fynd heibio: 'The Sunshine Boys, a comedy by Neil Simon, with Bill Owen and Ryan Davies'.

Petawn i'n ceisio sgwennu sgript ffilm am hanes Ryan a Ronnie, yn hytrach na chofiant, efallai mai dyma ble y byddwn i'n ysgrifennu'r cyfarwyddiadau hyn:

> Gwelwn Ronnie'n parcio'i dacsi, yn dod allan o'r car ac yn darllen y poster. Yna mae'n rhedeg i mewn, drwy'r gynulleidfa, fel y gwnaeth ym mhantomeim Madog, ac yn neidio ar y llwyfan. Mae Bill Owen wedi dychryn gymaint o glywed bloeddiadau a chymeradwyaeth y dorf, mae o'n gadael y llwyfan, ac mae Ryan a Ronnie yn ôl efo'i gilydd unwaith eto, ac maen nhw'n cario mlaen i actio'r ddrama.

Ond cofiant ydi hwn, nid drama... Cofiwch, mae 'na fwy nag un cyffyrddiad yn The Sunshine Boys sy'n atseinio ym mywyd Ryan a Ronnie. Drama ydi hi am ddau gomedïwr Americanaidd, Willie Clarke ac Al Lewis, dau oedd yn cael eu cydnabod fel deuawd vaudeville fwya America. Fe benderfynodd Lewis adael y bartneriaeth, a doedd Clarke ddim wedi maddau iddo. Un mlynedd ar ddeg ar ôl i'r ddau ymwahanu, maen nhw'n ôl efo'i gilydd i geisio gwneud rhaglen am deledu a hanes comedi.

Erbyn canol y saithdegau, roedd Ryan yn gwneud llawer iawn mwy o actio a pherfformio yn Saesneg yn gyffredinol, ac yn awyddus i ganolbwyntio mwy ar actio ac ysgrifennu yn y dyfodol. Amryddawn, dyna'r ansoddair yn anad yr un arall a ddefnyddiwyd yn gyson i ddisgrifio Ryan gan y rhai oedd yn ei ganmol. Credai Jack Williams, a benodwyd yn bennaeth adloniant ysgafn y BBC yn dilyn ymadawiad Merêd, y gallai amlochredd Ryan fod yn anfantais:

> Mewn un ffordd, roedd y ffaith fod ganddo fo gymaint o allu mewn gwahanol gyfeiriadau yn ei ddal yn ôl, oherwydd doedd o ddim yn gallu canolbwyntio ar yr un ohonyn nhw. Ac erbyn hyn, rydw i'n meddwl ei fod o wedi cyrraedd cyfnod newydd yn ei fywyd proffesiynol, a'i fod o'n dechrau bod yn fwy dethol yn y gwaith roedd o'n ei dderbyn, ac yn canolbwyntio ar ei ddoniau cryfaf. A dwi'n credu, fel y dywedodd Ronnie amdano, mai actio oedd ei ddawn gryfa fo.

Dyna efallai pam yr oedd hi'n gymaint o siom i Ryan na wenodd yr haul ar y *Sunshine Boys*. Roedd wedi gobeithio am ymateb mwy cadarnhaol a ffafriol. Mynegodd y gobaith hwnnw yn y *Western Mail* ym mis Hydref 1976, 'Perhaps, if I make a success of an elderly American-Jew, I would like Welsh people to say "Well at least he can get out of that Welsh thing".'

Ond doedd dim dianc rhag y 'Welsh thing' ar y pryd, a hithau'n gyfnod y pantomeim. O nac oedd, doedd 'na ddim! Ymhen y mis byddai'r miloedd yn tyrru i Theatr y Grand yn Abertawe i weld Ryan yn dringo'r goeden ffa fel Jack yn *Jack and the Beanstalk*. Yn eu plith, plant Ryan: Bethan ac Arwyn. Byddai Bethan wrth ei bodd yng nghefn y llwyfan yn cynorthwyo'i thad drwy gael y *props* yn barod, tra byddai Arwyn, oedd yn saith oed ar y pryd, yn eistedd yn y gynulleidfa'n mwynhau ei hun efo'r plant eraill.

Bron heb ysbaid ar ôl gorffen actio yn y Theatr Newydd gyda Bill Owen, fe aeth draw i Theatr y Grand i baratoi ar gyfer y pantomeim. Ond aeth yn wael, a phan aeth John Chilvers, y cyfarwyddwr, i'w weld, cafodd fraw o weld ei gyflwr. Cwynai gyda phoenau yn ei gylla ac roedd ganddo haint ar ei frest. Bu'n wael am ddeg diwrnod, ond fe fynnodd ailymuno â chriw'r panto – a hynny'n groes i gyngor ei feddyg. Digwyddodd yr un peth y flwyddyn ganlynol. Hwn fyddai ei bantomeim ola, ond wyddai'r 100,000 o bobol a ddaeth i weld Ryan ddim am y ddrama tu ôl i'r llenni. Yn ystod y flwyddyn, roedd yr asthma wedi gwaethygu, a'i amserlen heb arafu o gwbwl.

Yn ychwanegol at ymddangos yn y panto bob nos, roedd o hefyd mewn trafodaethau gyda'r BBC ynglŷn â chyfres arall o *Fo a Fe*, ac yn dal i wneud *cabaret* a sioeau elusennol hefyd. Fe fu ei gyfaill agos Rhydderch Jones yn llygad-dyst i'r galw cyson am ei wasanaeth o bob cyfeiriad. Ei wendid, yn ôl Rhydderch oedd ei fod yn methu dweud 'na' wrth neb. Roedd ei feddyg, Brian Cronin, wedi ceisio'i berswadio i fynd i'r ysbyty er mwyn iddo gael archwiliad manwl. Gwrthod wnaeth Ryan oherwydd ei fod wedi trefnu gwyliau i'r teulu allan yn America.

Ond cyn mynd ar y gwyliau, roedd 'na banto i'w orffen a chyfres arall o farddoniaeth a chân, *Poets and Pints,* i'w recordio heb sôn am ymddangosiad ar sioe siarad Wyn Calvin, *the Clown Prince of Wales* – felly yr hoffai hwnnw gael ei adnabod. 'There is nothing like a dame' meddai'r gân, a doedd 'na'r un *dame* mewn unrhyw bantomeim drwy Brydain i'w chymharu â Wyn Calvin. Ond fo oedd y cynta i gydnabod fod perfformiadau Ryan ym mhantomeim blynyddol y Grand yn Abertawe yn wych.

Bu Wyn yn ddigon caredig i siarad gyda mi am Ryan a Ronnie,

ac yn ôl ei farn onest o, doedd o ddim yn credu fod y sioe yn Blackpool yn y saithdegau wedi bod yn llwyddiant. Teimlai fod yr hiwmor yn rhy Gymreig, ac felly'n rhy blwyfol, i gynulleidfaoedd y Central Pier. Yn ôl Wyn, byddai Ryan wedi bod yn barod i addasu'r deunydd, ehangu'r gorwelion, er mwyn plesio'r 'pyntars', ond roedd Ronnie yn erbyn newid y ddelwedd, ac felly fe ofynnwyd iddyn nhw orffen eu cytundeb ym mis Awst, yn hytrach na chario mlaen tan fis Tachwedd. Ac fe ddylai o wybod, oherwydd, yn ôl Wyn fo gamodd i mewn i'r bwlch pan adawodd Ryan a Ronnie bedwar mis yn gynnar.

Ar ôl recordio'r sgwrs yn y stiwdio, roedd Ryan yn awyddus iawn, meddai Wyn, i siarad am America, gan fod yntau'n ymwelydd cyson â'r wlad honno ac yn mynd o gymdeithas i gymdeithas yn darlithio ar gomedi. Teimlai Wyn fod Ryan yn awyddus iawn i fynd i America, i weld a chlywed artistiaid yn perfformio, a chael rhyw syniad o'r her a wynebai'r sawl a fyddai'n ystyried llwyddo yno.

Ddechrau Ebrill 1977, fe aeth Ryan a'i wraig Irene, a'r plant Arwyn a Bethan ar wyliau i America i aros efo Brian Jones a'i deulu. Bu Brian yn was priodas i Ryan ac Irene, ac roedd gwyliau hamddenol braf gydag ychydig o deithio wedi'i drefnu, drwy Pennsylvania ac Ohio, i lawr i Washington DC cyn mynd yn ôl i Buffalo. Ddeuddydd ar ôl dychwelyd o America, byddai Ryan yn dechrau ymarfer tair drama fer gan Moliére, gyda Theatr yr Ymylon, a fo'n chwarae'r prif rannau ymhob un. Wrth gwrs roedd dau sgwennwr yn Llundain eisoes wedi dechrau trafod syniad am gyfres ar BBC2 oedd i fod yn debyg i *Fo a Fe*, sef *George and the Dragon*. Ac fel pe na bai hynny'n ddigon, yn ei amser sbâr, roedd o'n gobeithio cyfansoddi opera ar thema Feiblaidd. Doedd 'na neb yn llafurio'n galetach yn y winllan na Ryan. A oedd pythefnos o wyliau yn America yn mynd i fod yn ddigon i'w baratoi'n gorfforol a meddyliol ar gyfer cwbwlhau'r holl brosiectau a oedd yn aros amdano pan ddychwelai? Chawn ni byth wybod yr ateb i'r cwestiwn hwnnw. Ar ei noson olaf efo Brian a'i deulu, mewn barbeciw yn ei gartref, aeth Ryan yn wael gyda phwl drwg o asthma, a bu farw o drawiad ar y galon.

Y diwrnod canlynol, 22 Ebrill, 1977, roedd y pennawd pum gair yn y *Western Mail* yn ddigon i gofnodi'r newyddion trist a syfrdanodd genedl gyfan – 'Comedian Ryan Dies in America'.

Galar cenedl

Yn ystod y pythefnos o wyliau yng nghwmni Brian Jones a'r teulu, fe fu Irene, Ryan a'r plant yn crwydro drwy Pennsylvania, i Ohio, ac yna i lawr i ddinas Washington. Anfonodd Ryan gerdyn un frawddeg at Mike Evans: 'Get ready, the act goes American from now on!' Efallai mai wedi'i sgwennu â thafod yn y foch yr oedd y cerdyn, ond dangosai hefyd fod perfformio yn America ar feddwl Ryan, a'i fod yn parhau'n freuddwyd ganddo.

Roedd y tywydd yn anwadal. Eira pan gyrhaeddon nhw America, ond erbyn diwedd y gwyliau roedd yr eira wedi cilio, a'r tymheredd yn gynhesach o lawer ac fe effeithiodd y newid hwn, a'r lleithder yn yr awyr, ar gyflwr iechyd Ryan. Y diwrnod cyn iddyn nhw ddychwelyd i Gymru, fe drefnwyd barbeciw yng ngardd Brian, ac yn ystod y paratoi, cafodd Ryan bwl drwg o'r asthma. Brysiodd Irene i'r tŷ i nôl y pwmp oedd ganddo wrth law fel arfer. Yn y cyfamser cyrhaeddodd yr ambiwlans ac fe'i rhuthrwyd i'r ysbyty, taith o ryw chwarter awr. Ymhen hir a hwyr, fe gafodd y teulu'r newydd fod ysgyfaint Ryan wedi dymchwel. Yn ôl meddyg Ryan, a gafodd gyfle i weld y corff ar ôl iddo ddychwelyd i Gymru, pe bai'r ysbyty wedi ceisio ail-lenwi'r ysgyfaint ag aer, fel y dylen nhw fod wedi gwneud, yna byddai tyllau bach yn y croen yn profi eu bod wedi ceisio gwneud hynny. Ond yn ôl Brian Cronin, doedd dim marciau ar y corff. Ac oni bai fod Irene wedi anghytuno, fe fyddai Brian wedi gofyn am ymchwiliad gan honni y byddai Ryan wedi byw pe bai yn Ysbyty Singleton. Yng ngeiriau Irene, 'Fyddai ymchwiliad ddim wedi dod â Ryan yn ôl, felly beth oedd y pwynt?'

Ar ôl dioddef dau drawiad ar ei galon, bu farw Ryan yn ysbyty West Cenotaph, talaith Efrog Newydd am hanner awr wedi pump, fore Ebrill 22 1977, ac fe gludwyd ei gorff o faes awyr John F. Kennedy i Heathrow, ac yna i Gymru, ar gyfer ei angladd wythnos yn ddiweddarach. Yn ôl penderfyniad y teulu, angladd preifat oedd hwnnw i fod.

Clywodd Ronnie y newyddion am farwolaeth Ryan pan oedd ar daith gyda Chwmni Theatr Cymru, ac wedi cyrraedd Theatr y Prince of Wales ym Mae Colwyn. Mae Siôn Eirian yn cofio cerdded i mewn i'r theatr dywyll a gweld Ronnie'n eistedd yn un o'r seddau, yn amlwg mewn sioc, 'yn syllu'n syth o'i flaen fel 'tae e wedi gweld drychiolaeth'. Oedd o yn llygad ei feddwl, yn gweld Ryan ac yntau'n croesi Pont Hafren, a Ryan yn gweiddi, fel y gwnâi bob tro y bydden nhw 'nôl yng Nghymru ar ôl bod draw yn Lloegr i berfformio – "Na ni 'te Ron, nôl yn saff. O leia fydda i farw yng Nghymru nawr.'

Na, Ryan. Nefar in Iwrop, gw' boi.

Y bostfeistres ddaeth â'r newyddion trist i Neuadd y Groeslon, lle roedd Alun Williams, un o ddarlledwyr gorau'r BBC ar y pryd, a ffrind mawr i Ryan ac i Ronnie, yn recordio rhifyn o'r rhaglen *Garddio*. Yng ngeiriau Alun, 'fe gododd aelodau Clwb Garddio'r Groeslon ar eu traed, fel y gwnaeth gweddill Cymru yn ystod y dyddiau dilynol.'

Gan fod colli Ryan wedi cyffwrdd â'r genedl gyfan, y cwestiwn a ofynnid gan nifer o bobol ar y pryd, gan gynnwys ei ffrindiau agos, oedd – oni ddylai'r genedl gael cyfle i ddangos yn gyhoeddus eu parch a'u hedmygedd o gyfraniad aruthrol Ryan, a'r tristwch o'i golli, drwy fynychu angladd cyhoeddus? Ond roedd y penderfyniad wedi'i wneud, yr angladd wedi'i drefnu a thri chymal yn yr hysbyseb yn y *Western Mail* yn cadarnhau penderfyniad Irene, ar ran y teulu:

Gwasanaeth i'r teulu yn unig.
Blodau gan y teulu'n unig.
Dim llythyrau, diolch.

Yng ngeiriau Irene ei hun, 'Roedd yn rhaid i mi dderbyn fod Ryan yn perthyn i bawb pan oedd e'n fyw. Ond o'n i'n grac pan oedd pobol yn ceisio'i berchen ar ôl iddo fe farw. Ddim y nhw oedd 'i bia fe wedyn. Ni oedd 'i bia fe.'

Cyn belled ag yr oedd Irene yn y cwestiwn, nid y perfformiwr, y digrifwr, y canwr a'r dynwaredwr oedd yn cael ei gladdu, ond ei gŵr a thad ei phlant. Achlysur preifat oedd hwnnw i fod, i'r teulu agos, a neb arall.

Bu Irene yn byw gyda'r boen o golli Ryan, ac yntau mor ifanc, am flynyddoedd wedyn. 'Ar ôl iddo fe farw, o'n i'n bod, ond ddim yn byw. Wyth mlynedd ar ôl claddu Ryan, fe dderbyniodd Bethan ei gradd, a dyna'r diwrnod cynta i mi deimlo mod i'n gallu gwenu ers marwolaeth Ryan.'

Tan y llwch, ac yntau'n llanc
Rhofiwyd diddanwr ifanc...
Heddiw ac yn ddiddiwedd
Rhown y byw yn farw'n y bedd.'

Dyfyniad o gywydd gan Derec Llwyd Morgan i gofio Ryan, a gladdwyd ar 28 Ebrill 1977, ym mynwent Hen Fethel, Garnant, wrth droed y Mynydd Du, lle claddwyd ei dad. Ar ôl y gwasaneth ond cyn i'r pridd guddio'r arch yn llwyr, fe aeth rhai o ffrindiau agos Ryan i'r fynwent i ffarwelio. Yn eu plith Margaret Williams, a'i gwr Geraint; David Richards, cynhyrchydd Ryan; ei fêt mawr Rhydderch Jones; Gwenlyn Parry; Einir a Ronnie.

'Wrth edrych ar yr arch lonydd o bren,' meddai Rhydderch, 'ym mhridd diwerth, anffrwythlon y Mynydd Du, ni allwn feddwl am ddim ond dawns, chwerthin, gorfoledd a hapusrwydd llwyr, ac fe dorrais i lawr a wylo'n hidl.'

> Oedd bennill, oedd bianydd
> oedd yn siŵr iawn ddawnsiwr rhydd
> undyn oedd golomendy
> oedd hyn, oedd delyn i'w dŷ
> oedd ddigrifwr oedd grafog
> y tor llwyth, oedd actor llog
> mewn dwy iaith yn mynnu dal
> nwydau pob rhyw anwadal
> oedd ei theatr ddiatreg
> ei hun, torch egni teg
> heddiw ac yn ddiddiwedd
> yn arian byw, marw'n y bedd.

Yn y cyfarfod coffa a gynhaliwd yn Theatr y Grand, Abertawe, ychydig ddyddiau ar ôl yr angladd, cyfeiriodd Owen Edwards, Rheolwr BBC Cymru ar y pryd, at Ryan fel 'y Cymro cyffredin cwbwl anghyffredin. Roedd o'n nabod ei gynulleidfa – y fo a'r fe o Lanfyllin i Lanaman, drwy'r Gymraeg a'r Saesneg. Trylwyredd a pherffeithrwydd oedd ei nod, ac o'r herwydd roedd y consuriwr llawenydd hwn yn llwyddo i adael gwaddol o fwynhad a chwerthin ar ei ôl, ar hyd troeon ei yrfa, gan ei fod o'n byrlymu o lawenydd iach ac yn derbyn ei wobr, wrth ei throsglwyddo i eraill.'

Llwyddodd Tîm Talwrn y Beirdd Tal-y-bont i ddweud y cyfan am Ryan mewn un cwpled cofiadwy:

> Bydd bwlch hir o golli'r gŵr,
> Dewin o gomedïwr.

Ond fe roddwn y gair olaf i rywun nad oedd byth yn cael y gair olaf pan oedd yn ei gwmni ar lwyfan – ei bartner Ronnie, wrth siarad â'r wasg ychydig oriau ar ôl clywed am farwolaeth Ryan:

Allech chi ddim o'i adnabod e heb 'i edmygu a'i garu. Fu 'na neb tebyg iddo fe a fydd 'na neb chwaith. Rhoi a rhoi a rhoi. Un felly oedd e. Ers i Ryan a fi wahanu, o'n i'n gweud wrtho fe drwy'r amser 'i fod e'n gweithio'n rhy galed. Fi'n cofio mewn un cyngerdd, pan o'n nhw'n clapo ac yn gweiddi am fwy, fe waeddodd Ryan: 'Be chi moyn? Gwaed?' A dyna gawson nhw.

Ysbrydion Ronnie

Dim ond am gyfnod byr y bu Ronnie'n gyrru tacsi cyn iddo gael gwaith, unwaith yn rhagor gan y BBC, fel cyflwynydd rhwng rhaglenni, a darllenydd bwletinau newyddion, sef yr hyn yr oedd yn ei wneud ddenauw mlynedd ynghynt, ar ôl gadael y coleg a chyn dod yn enw adnabyddus drwy Gymry gyfan fel partner Ryan. Roedd y rhod wedi troi, ac nid o ddewis y derbyniodd y gwaith, ond o reidrwydd. Ffordd o ennill arian oedd cyflwyno a darllen bwletinau. Perfformio ac actio oedd ei gariad cyntaf, ond roedd Ronnie'n cael ei weld yng nghyd-destun Ryan. Felly, dim Ryan, dim Ronnie. Dim Ryan, dim gwaith.

Ac eto i gyd, roedd gweithio i'r BBC yn fathodyn statws i Ronnie, yn ôl ei ffrind, y dramodydd Siôn Eirian, a fu'n gefnogol iawn iddo yn ystod y cyfnod hwn o geisio ailsefydlu ei hun:

> Edrychai'n drwsiadus bob amser – crys glân, tei, *blazer*, trowsus llwyd â *crease* fel llafn cyllell, a'i wallt du bob amser wedi ei gribo'n ofalus. Cwmnïwr difyr, ffraeth iawn, a gyda hiwmor tywyll. Er ei fod o bob amser yn siarad ag edmygedd am Ryan, roedd e hefyd yn teimlo'n anniddig iawn, oherwydd na chafodd e'r gydnabyddiaeth yr oedd yn teimlo ei fod yn ei haeddu, am ysgrifennu'r holl ddeunydd ar gyfer cyfresi *Ryan a Ronnie*.

Gellid gofyn y cwestiwn – gan bwy yr oedd Ronnie'n disgwyl cael y gydnabyddiaeth a chwenychai drwy gydol ei oes? Ym mha ffurf y byddai'n disgwyl cael y gydnabyddiaeth? Yn sicr fe gafodd ef a Ryan gydnabyddiaeth ariannol dda iawn am eu cyfresi teledu. Gwyddai ei gyd-actorion, ei ffrindiau, a'r cynhyrchwyr a weithiai gydag ef am ei dalent fel sgwennwr. Ond pan oedd y ddau yn perfformio, Ryan gâi'r gydnabyddiaeth. Ryan oedd y seren. At Ryan yr âi pawb i gael llofnod.

Bûm yn ddigon ffodus i adnabod Ryan a Ronnie yn dda, a chydweithiais gyda'r ddau ar lwyfan ac mewn stiwdio. Clywais Ronnie fwy nag unwaith yn dweud: 'Pan oedd Ryan yn fyw, bydde pobol eisiau 'i lofnod a siarad 'da fe. Pan fu Ry farw, bydden nhw'n dod ata i a gofyn i mi, nid "Shwd wyt ti Ron…?" ond "Shwd foi oedd Ryan?"' Eiddigedd a ladd ei pherchennog, medd yr hen air, a'r gwir oedd fod Ronnie'n eiddigeddus iawn o dalentau Ryan, a'r gydnabyddiaeth a gafodd.

Pan ddychwelodd Ronnie i Gaerdydd, fe ymgartrefodd yn ei gartref ysbrydol, sef clwb y BBC, paradwys i'r sychedig, a noddfa i yfwyr trwm. O fewn ychydig fisoedd fe'i gwnaed yn aelod anrhydeddus o gymdeithas na welwyd ei thebyg gynt nac wedyn. Ei nod oedd cadw iaith Caerdydd yn fyw a gwarchod ei hacen unigryw. Llywydd cynta'r Kerdiff Langwij Society oedd Frank Hennessy, ac fe benodwyd Ronnie Williams yn gyfieithydd y gymdeithas. Ei swyddogaeth oedd trosi unrhyw eiriau anghyfarwydd o iaith Caerdydd i'r iaith Saesneg. Yn ôl Frank Hennessy, Ronnie oedd y dewis amlwg. 'Our Ron, bruv, talks proper like.'

Roedd gan y gymdeithas ei Harchesgob, a gerddai yr un mor urddasol ag unrhyw Archdderwydd, gyda'i ffon fugail wedi'i haddurno â chragen cocosen wedi'i goreuro, a thu ôl iddo dôi Ceidwad y Bara Lawr. Disgwylid i aelodau benywaidd y gymdeithas wisgo dillad isa o liw coch neu wyrdd, a swyddogaeth y Knicker Checker oedd sicrhau, drwy gyfrwng gwydr ar ben draw darn o bren hir, fod yr aelodau'n cydymffurfio â'r rheolau. Tipyn o hwyl diniwed, dychanol, wedi'i anelu at Gymdeithas yr Iaith, yr Orsedd, a'r Sefydliad Cymreig oedd y cyfan, ac roedd Ronnie wrth ei fodd yn mynychu'r cyfarfodydd, a phob cyfarfod yn cloi gyda'r aelodau'n codi ar eu traed i ganu'r anthem, 'Kerdiff Born':

I'm Kerdiff born, I'm Kerdiff bred
And when I dies, I'll be Kerdiff dead
They'll build a little home in Splott
In memory of me.

Ychydig iawn o waith a gynigid i Ronnie ar y pryd. Ar wahân i drosleisio cartwnau, ac ymddangosiadau anfynych ar y gyfres *Siop Siafins* gyda John Pierce Jones a Dyfed Thomas, prin oedd y briwsion o fwrdd y wledd.

Bu'n ffodus i gael lle i aros yn ddi-dâl gyda'i gyfaill Rhydderch Jones, cyn iddo wedyn symud i fyw at John Pierce Jones. 'Fe ofynnodd Rhydderch fasa Ronnie'n cael aros acw,' medd John. Cymerais yn ganiataol mai rhyw noson neu ddwy oedd dan sylw, ond fe gyrhaeddodd Ronnie efo'i gesus a'i gar yn llawn o ddillad. Roedd hi'n amlwg ei fod o'n bwriadu aros am dipyn go lew!'

Er nad oedd ganddo arian, rywsut neu gilydd, efo'i wen chwareus a mwy o *blarney* na llond tafarn o Wyddelod, roedd wedi llwyddo i berswadio cwmni ceir llog i roi car iddo ar fenthyg. Ymhen deufis aethpwyd â'r car oddi arno, oherwydd nad oedd Ronnie wedi gwneud yr un taliad.

'Allwn i ddim bod wedi cael gwell lojar,' meddai John am Ronnie. 'Os oedd yn rhaid i mi fynd i ffwrdd i weithio, mi fasa fo'n cadw'r lle'n daclus – fel pin mewn papur, ac yn talu'r biliau.' Mae John yn adrodd stori am Ronnie'n cyfarfod Americanes a'i merch mewn tafarn yn Nyffryn Mawddwy, ac ar ôl siarad tipyn, a deall eu bod yn crwydro o gwmpas Cymru heb fawr syniad i ble roedden nhw'n mynd, fe gynigiodd Ronnie fod yn *chauffeur* iddyn nhw ar eu hantur – a hwythau'n talu am ei wasanaeth, wrth gwrs! Daeth y gwyliau i ben ac ymhen amser, ar ôl i'r ddwy ddychwelyd i'r America, fe dderbyniodd Ronnie wahoddiad i fynd draw i'w gweld. Gweithiodd bob awr o'r dydd, yn ôl John Pierce Jones, er mwyn cael digon o arian i dalu am docyn – tocyn un ffordd. Gobaith Ronnie oedd cael gwaith yn America er mwyn talu am docyn i ddychwelyd. Fe gadarnhaodd Eryl, ffrind gorau Ronnie yn Ysgol y Gwendraeth, oedd yn byw yn America, ei fod wedi derbyn galwad gan Ronnie o Las Vegas, yn dweud ei fod yno 'i drio fy lwc'.

Ond, unwaith eto, doedd lwc ddim o'i blaid ac fe benderfynodd hedfan yn ôl i Gymru. Heb geiniog yn ei boced, fe gyrhaeddodd Heathrow, mewn stad druenus, ac fe ffoniodd John i ddod i'w nôl. Dyma gychwyn y cyfnod cyntaf o yfed trwm, cyfnod a fyddai'n esgor yn y pen draw ar ddibyniaeth lwyr ar alcohol.

Pan oedd Ronnie'n rhedeg y dafarn yn Cerrig, heb yn wybod i'w wraig, roedd wedi cael fflat i'w gariad Lavinia yn Westgate Street. Yno y byddai'r ddau'n treulio'r penwythnos gyda'i gilydd, pan oedd Ronnie'n mynd i Gaerdydd i wneud ychydig o waith actio. Un penwythnos, yn anffodus i Ronnie, fe gafodd ef a Lavinia ymwelydd annisgwyl. Agorwyd drws y fflat ac yno'n chwifio'r handbag roedd May, mam Ronnie. Fe ymosododd yn ddidrugaredd ar ei mab gyda bag llaw a'i yrru allan o'r fflat. Lavinia ei hun adroddodd yr hanes hwn wrthyf ym mar ei thafarn yng Nghaerdydd lle mae hi a'i phartner, y ddwy ohonynt, yn byw ers blynyddoedd. Do, daeth mwy nag un tro ar fyd ym mywyd Lavinia hefyd.

Fe briododd Ronnie a Lavinia yn 1979, a bu'r ddau'n byw mewn fflat yn Heol y Gadeirlan, lle cafodd Ronnie foment *eureka* arall. Byddai'n eu cael yn aml. Y tro hwn roedd o'n mynd i weithio yng nghlybiau de Cymru fel cyflwynydd noson dan yr enw 'Ronnie and Co'. Ffurfiodd gwmni, gyda Lavina ac artistiaid eraill, ac fe ddaeth ei fab Arwel i fyw i Gaerdydd gyda'i dad a Lavinia, a fo fyddai'n mynd o gwmpas efo'r cwmni i ofalu am y sain a'r goleuadau. Ymgais oedd hyn, mae'n bur debyg, i ail-greu'r dyddiau fu pan oedd croeso i Ronnie a Ryan ym mhob neuadd a chlwb yng Nghymru. Ond 'dyddiau fu' oedden nhw, ac ni ddaw i neb ddoe yn ôl.

Weithiau byddai Ronnie'n mentro allan ar ei ben ei hun i rhyw glwb neu'i gilydd, ond yn ôl ei fab, doedd Ronnie ddim ar ei orau heb yr artisitiaid eraill, ac mae'n cofio iddo dderbyn ei arian am un noson cyn yr egwyl. Doedd y clwb ddim am gael mwy ganddo yn yr ail hanner. Methiant arall ym mywyd Ronnie fu'r cwmni, ac fe roddodd hynny straen bellach ar ei berthynas sigledig gyda Lavinia. Meddai hi:

> He could be violent. He lost his temper very easily, because he was on medication for depression when we got married. His nerves were bad, and he drank a lot, and he was lacking in confidence. He used to sit and listen to Barry Manilow records, over and over.

Un noson, bu'n ffrae hyd at daro, ac fe gerddodd Lavinia allan drwy'r drws, a dyna ddiwedd ail briodas Ronnie.

Erbyn dechrau'r wythdegau roedd yr yfed wedi gwaethygu. Yn ôl ei dystiolaeth ei hun, roedd angen cwpwl o beints yn y bore arno 'to achieve normality', ac wrth gwrs roedd ei sefyllfa'n effeithio ar ei berthynas â'i gyd-actorion. Mae Sharon Morgan yn cofio actio gyda Ronnie yn y gyfres *Tomos a Titw*, gyda Marged Esli a John Pierce Jones.

Roedd e wrth ei fodd yn cynhesu'r gynulleidfa, cyn y recordiad achos, dwi'n credu, fod hynny'n ei atgoffa o ddyddiau Ryan a Ronnie yn y stiwdio. Ond roedd actio gyda fe'n wahanol iawn, achos oni bai eich bod chi'n cael yr olygfa'n iawn tro cynta, bydde fe'n mynd i banic wrth feddwl am orfod ei gwneud yr ail dro. Wy'n cofio mewn un olygfa, wrth i mi gau'r drws, oedd y bwlyn wedi dod *off* yn fy llaw i. Yn hytrach na stopio ac ail-wneud yr olygfa, wnes i ddal fy ngafel yn y bwlyn yn slei bach, a'i ollwng yn dawel pan ges i gyfle.

Bu Ronnie'n actio rhan fechan mewn dwy gyfres o'r gomedi sefyllfa *Glas y Dorlan*, oedd wedi'i lleoli i bob pwrpas mewn swyddfa heddlu hefyd. Yn eironig ddigon, chwaraeai Ronnie ran Twm Prys, y gyrrwr tacsi, ac roedd o'n hen law ar wneud hynny mewn bywyd go iawn. Yn ogystal â'r *corpse reviver* bob bore, byddai'n mynd i'r dafarn agosa bob amser cinio er mwyn cael mwy i'w yfed, ac roedd ganddo drefniant diddorol gyda thafarnwr y Black Boy lle roedd o'n aros. Byddai fodca mawr yn cael ei osod tu allan i'w stafell wely yn y dafarn – nid i'w yfed cyn syrthio i gysgu, ond ar gyfer ei frecwast yn y bore.

Yn ôl i'r cwm

Ddechrau'r wythdegau, dychwelodd Ronnie at ei wreiddiau ac aeth yn ôl i fyw i'r gorllewin. Cafodd waith fel rheolwr neuadd y Miners Welfare yn y Tymbl, yn ogystal â threfnu eu rhaglen adloniant am y flwyddyn. Yn ôl un oedd yn ei gofio yno, 'O'dd e'n *ideal* i'r job. Wedi'r cwbwl odd e'n 'u nabod nhw i gyd ers dyddie Ryan a Ronnie. Ond fe gawlodd e'r arian, ac fe gas e fynd.'

Mae 'cawlo'r arian' yn ymadrodd cyfleus o amwys, a'r awgrym wrth gwrs ydi fod Ronnie wedi bod yr un mor aflwyddiannus yn trefnu artistiaid i'r Miners Welfare ac y bu yn trefnu raffl i Gwmni Theatr Cymru. Fe gawlodd e'r arian bryd hynny hefyd – ac fe gas e fynd.

Carafán yn Cross Hands oedd ei gartre, ac o'r fan honno byddai'n teithio yn ôl a blaen i Gaerdydd i wneud gwaith dybio ar ffilmiau'r Smyrffs. Ronnie oedd llais Craca Hyll. Hen ddyn piwis oedd Craca, mewn clogyn du, gyda llais gwrachaidd a gwichlyd ac yn ôl Pat Griffiths, y cynhyrchydd, roedd Ronnie'n drosleisiwr gwych ac yn actor da. Fe wyddai hi, wrth gwrs, am broblem y goryfed.

Dim ond rhwng naw y bore ac un o'r gloch yr oedd hi'n bosib gweithio gyda Ronnie, ac roeddwn i'n hapus i wneud hynny, oherwydd y gwyddwn y cawn y perfformiad yr oeddwn i ei eisiau. Gallwn ymddiried ynddo, ac roedd e'n llwyddo i roi ei arlliw e 'i hunan ar y cymeriad drwy ddefnyddio iaith a phriod-ddulliau Cwm Gwendraeth.

Yn 1982, fe gafodd ei ddal yn goryrru, gyda theirgwaith yn fwy o alcohol yn ei waed nag a ddylai fod. Fe'i gwaharddwyd rhag gyrru am ddwy flynedd ac yn ystod y ddwy flynedd hynny, bu farw ei rieni. Iori ei dad ym mis Gorffennaf, a May ei fam y flwyddyn ganlynol. Bu'r ddau'n gefnogol iawn i Ronnie ar hyd y daith – yn rhy gefnogol efallai, ac yn rhy barod i'w dynnu allan o bob twll yr oedd yn ei greu iddo'i hun. Awgrymodd un o'r aelod o'r teulu y dylai'r ddau fod wedi gwrthod rhoi benthyg arian iddo mor aml, ac wedi'i gynghori i ddelio â'i broblem yfed, yn hytrach na'i hanwybyddu.

Roedd stori ar led, ac mae hi'n fyw yn yr ardal o hyd, fod mam Ronnie wedi lladd ei hunan. Pan oeddwn yn ymchwilio i gefndir cynnar Ronnie yng Nghefneithin a'r ardal, dywedwyd wrthyf fod May wedi cael ei darganfod gan gymydog un bore 'yn gorwedd ar dop y wash-up yn y *bathroom* ac wedi cymryd *overdose* o dabledi'. Aethpwyd â hi i Ysbyty Glangwili, 'ble llwyddodd hi, rywsut neu'i gilydd, i geisio lladd ei hun unwaith 'to – a'r tro yma fe lwyddodd hi.' Ond mae'r ffeithiau ar ei thystysgrif marwolaeth yn tanseilio'r gred gyfeiliornus honno.

> May Williams, widow of retired coal miner William Iorwerth Williams, 8 Y Fron, Cefneithin, died of Generalised Atheroma, and Cerebral Thrombosis. Certified by Huw D. Walters, Coroner for Carmarthenshire District, after a post mortem – without inquest.

Pe bai hi wedi lladd ei hun, buasai'n rhaid cynnal cwest.

Yn ystod y blynyddoedd nesaf, fe gafodd Ronnie gyfle i actio ar lwyfan gyda chwmni Made in Wales. Chwaraeodd ran Jacob Enstrand yn y ddrama *Ghosts* gan Ibsen, ac yn ôl y cynhyrchydd Huw Thomas, 'Fe gyrhaeddodd y cyfarfod cyntaf i ddarllen y ddrama, gyda'r actorion eraill, yn hollol feddw. Ond y gwir yw, yn ystod y perfformiadau roedd e'n wych yn y rhan.'

Mae agwedd cynhyrchwyr a chyfarwyddwyr tuag ato yn ystod y cyfnod hwn yn peri dirgelwch, a'u hamynedd yn ddi-ben-draw. Bron yn ddieithriad, cawn yr un ateb bob tro i'r cwestiwn, 'Pam oeddech chi'n fodlon ei gyflogi fel actor a chithau'n gwybod ei fod yn alcoholic?' A'r ateb yn ddieithriad fyddai: 'Er fod yn rhaid i chi fod yn fwy amyneddgar gyda Ronnie, roedd hi'n werth yr ymdrech, oherwydd yn y pen draw fe gaech chi'r perfformiad ganddo yr oeddech chi'n ei ddymuno.'

Bûm yn sgwrsio gyda'r diweddar Huw Ceredig am y profiad o gydactio gyda Ronnie, ac mae yntau'n ategu'r ddeuoliaeth: 'Yn ystod y cyfnod yma alle fe ddim mynd ar lwyfan heb yr alcohol. Yn sobr, bydde'i nerfe fe'n rhacs, a fydde fe'n cofio dim byd. Ond ar ôl chwech neu saith peint, roeddet ti'n cael perfformiad di-fai. Roedd e'n hapus iawn i fod yn actor a pheidio gorfod byw yng nghysgod Ryan. Actor oedd Ronnie – perfformiwr oedd Ryan.'

Bu Ronnie'n ffodus iawn hefyd fod ganddo ffrindiau yn y 'busnes' oedd yn fodlon rhoi cyfle ar ôl cyfle iddo. Un ohonyn nhw oedd Siôn Eirian, awdur y gyfres *Bowen a'i Bartner* a thrwy Siôn fe gafodd Ronnie ran fel Rachman o landlord, i lawr yn nociau Caerdydd. Roedd cysylltiad anuniongyrchol hefyd rhwng Siôn a Ronnie oherwydd pan oedd Ronnie yn fachgen ysgol yng Nghefneithin, bu'n dosbarthu taflenni etholidaol o amgylch yr ardal i Jennie Eirian, mam Siôn, pan oedd hi'n ymgeisydd ar ran Plaid Cymru yn Sir Gaerfyrddin yn etholiad cyffredinol 1955. Pan fu farw Jenny Eirian yn 1982, fe benderfynodd Ronnie deithio o'r de i fyny i'w hangladd. Yn ôl Siôn, 'Fe alwodd Ron mewn sawl tafarn ar y ffordd. Ond er iddo gyrraedd y gogledd, methodd â chyrraedd angladd Mam. Ac roedd 'na rywbeth trist am hynny.'

Erbyn diwedd yr ail gyfres o *Bowen*, oherwydd fod Ronnie'n

cyrraedd yn hwyrach i'r ymarferion bob tro, eisoes wedi bod yn yfed, a heb ddysgu ei linellau, cafwyd gwared o'r cymeriad, ac o Ronnie. Yn ystod ei gyfnod fel awdur *Bowen a'i Bartner* roedd Siôn Eirian hefyd yn un o awduron *Pobol y Cwm*, a thrwy ryw ryfedd wyrth, fe lwyddodd i gael comisiwn i Ronnie sgwennu dwy bennod. Ar ôl pythefnos o aros i benodau Ronnie gyrraedd y swyddfa, o'r diwedd fe gyrhaeddodd y gwaith – dwy dudalen o nodiadau blêr ac annealladwy. Ond yn hytrach na gwrthod ymgais Ronnie'n gyfangwbwl, fe ailysgrifennodd Siôn y ddwy bennod ei hun, a rhoi cydnabyddiaeth i Ronnie ar ddiwedd y penodau fel cyd-awdur er mwyn sicrhau y byddai Ronnie'n cael hanner yr arian – er nad ysgrifennodd yr un gair.

T. James Jones oedd y nesa i ymddiried yn Ronnie pan ofynnodd iddo actio yn ei ddrama *Pan Rwyga'r Llen*. Ar ddechrau'r daith drwy Gymru, pan oedd yr awdur yn trafod y ddrama â'r cwmni, fe wnaeth Ronnie bwynt o ddweud, â'i dafod yn ei foch, fod yn rhaid i'r actorion roi parch i eiriau'r awdur, ac i T. James Jones yn bersonol – ac y dylid cyfeirio ato fel Chi James Jones! Roedd Ronnie'n chwarae rhan Wil Albert, sy'n un o'r cleifion mewn ysbyty meddwl, ac sy'n treulio'r ddrama gyfan yn y gwely. Yn anffodus i'w gyd-actorion, roedd o'n treulio'r act gyntaf yn y dafarn agosaf, gan mai yn yr ail act yr oedd o'n gwneud ei ymddangosiad cyntaf. Un noson, yn y tywyllwch ar ddiwedd yr act gyntaf, aeth i mewn i'r gwely'n barod ar gyfer agoriad yr ail act, lle roedd yn ymddangos am y tro cyntaf drwy eistedd i fyny yn y gwely. Ond y noson arbennig yma, chododd o ddim. Roedd o wedi syrthio i gysgu! Llwyddwyd i'w ddeffro, ac aed ymlaen â'r ddrama, ond fel y dywedodd un o'r actorion wrthyf, 'Roedd actio gyda Ronnie yn hunlle, oherwydd yn aml iawn doedd o ddim yn dweud y llinellau yn yr un drefn ag y cawsant eu hysgrifennu gan yr awdur.' Ac eto roedd o'n falch o atgoffa pobl ei fod o, yn wahanol iddyn nhw, wedi derbyn dwy flynedd o hyfforddiant yng Ngholeg Cerdd a Drama Caerdydd, a'i fod felly yn *'classically trained actor'.*

Er mwyn paratoi ar gyfer y rhan, aeth Ronnie gyda Jim Jones ar ymweliad ag Ysbyty Meddwl Caerfyrddin, er mwyn cynefino â'r awyrgylch ac i wylio'r cleifion a'u hymateb i'r byd o'u cwmpas. Ar ôl ychydig oriau yno, sylwodd Jim fod Ronnie wedi diflannu ac aeth i chwilio amdano, a'i gael yn eistedd ar lawr yn crio. Roedd yr atgofion o gael triniaeth ei hun yn yr ysbyty, pan fu'n dioddef o afiechyd meddwl, yn pwyso'n drwm arno.

Cyn mynd ar daith gyda'r ddrama yng nghanol yr wythdegau fe lwyddodd Ronnie i berswadio bragdy arall y byddai ei gael ef yn rheolwr yn gaffaeliad mawr iddynt, ac felly yn 1984 fe gafodd swydd fel rheolwr gwesty hynafol Tyglyn Aeron, yng Ngheredigion. Hyn er gwaetha'r ffaith fod yr hwch wedi mynd drwy'r bar a'r lolfa yng ngwesty'r White Lion yng Ngherrigydrudion lle bu'n reolwr, wyth mlynedd ynghynt. Ar un ystyr, o safbwynt y bobol leol, roedd cael cyn-bartner Ryan tu ôl i'r bar – neu a bod yn fanwl, wrth y bar – yn dipyn o atyniad, a chan ei fod hefyd yn medru perswadio grwpiau fel y Tremeloes i ddod i ganu yno, roedd Ronnie Williams yn boblogaidd iawn, yn enwedig gyda Lyn, y ferch a ddaeth yn drydedd gwraig iddo maes o law. Cyfaddefodd yn ddiweddarach ei bod wedi priodi Ronnie gan wybod fod ganddo broblem, ond heb sylweddoli ei fod mor llwyr ddibynnol ar alcohol. Yn ôl Lyn, roedd Ronnie yntau'n gwybod ei bod hithau'n dioddef o *multiple sclerosis*, pan fu i'r ddau briodi, mewn swyddfa gofrestru yn Aberteifi. Un o'r gwesteion oedd yr actores Sue Roderick. 'Mi ofynnais i Ronnie cyn iddyn nhw fynd i'r swyddfa a oedd y fodrwy ganddo fo. Doedd 'na ddim modrwy. Roedd o wedi anghofio prynu un. Felly i ffwrdd â ni i brynu un – modrwy aur blastig o Woolworths!'

Doedd pethau ddim yn argoeli'n dda.

Disgwyl Godot – a'r diwedd

Cyn i'r cyfarwyddwr o Waelod-y-garth, Chris Monger, gyfarwyddo Hugh Grant yn y ffilm *The Englishman Who Went Up a Hill and Came Down a Mountain*, roedd o eisoes wedi cael y profiad o gyfarwyddo Ronnie, mewn ffilm am ddyn tacsi sy'n dwyn arian ei fòs. *Mae'n Talu Weithie* oedd y ffilm honno, a phan ddarllenodd Ronnie y sgript, ei eiriau cyntaf, yn ôl Chris, oedd 'This is me'. Yn wir, mae stori'r ffilm yn syndod o debyg i stori bywyd Ronnie, a byddai'n hawdd credu fod Ronnie wedi sgwennu'r sgript ei hun ar sail digwyddiadau yn ei fywyd personol. Mae Iori (enw ei dad, wrth gwrs), y gyrrwr tacsi, wedi diflasu ar ei fywyd undonog, ac mae'n penderfynu defnyddio arian y cwmni tacsis i fwynhau ei hun. Gyda'r heddlu ar ei ôl, mae'n mynd draw i Iwerddon, ble mae'n cyfarfod â mam a'i merch ar fws i Conemara, ac mae nhw'n mynd â fo i glwb nos. (Nid i America, ond yn ddigon tebyg i'r fam a'r ferch a gyfarfu yn Ninas Mawddwy yn y 70au.) Yn y pen draw mae o'n edifarhau am ei ddrwgweithredodd ac yn dychwelyd i Gymru, lle mae'n cyfaddef y cyfan i'r heddlu. Ac oherwydd fod ei fòs yn siarad o'i blaid mae o'n cael osgoi mynd i'r carchar. (Dyna fu hanes Ronnie hefyd ar ôl achos llys yn Aberteifi.)

Cymysglyd, a dweud y lleia, oedd profiad Chris Monger o weithio gyda Ronnie.

The film is based on the story of a taxi driver from Ponty. Ronnie begged me for the part. He needed the work,

certainly. I changed the leading character's name to Iori
for him, which was Ronnie's dad's name.

He was a delight to work with. Curiously for someone
who had such a body of work he was almost in awe of us.
I didn't understand it at the time and I still don't. He was
drinking heavily, though it was hard to tell how much.
He arrived early in the morning with a pint of beer, and it
stayed with him, always being magically topped up. I still
don't know who did it. Perhaps his wife, who was always
close at hand. Despite his consumption, he remained
stone cold sober, never missed a cue or a mark – a
consummate professional. But the moment we wrapped
for the day he'd all but sprint to the bar, down a vodka,
and a different Ronnie suddenly appeared: maudlin,
angry, pathetic, self-pitying, lascivious, silly, and funny…
Can I count the Ronnies who appeared? No! But I didn't
like them and had to work hard to avoid him after he hit
the vodka. Beer all day – no problem. One vodka, all hell
would break loose. Every night he became a fall-down-
drunk, but seemed to have no hangover the next day.

Nid eithriad oedd yr hyn y cyfeiriodd Chris Monger ato. Er
gwaethaf ymddygiad tebyg, ar fwy nag un achlysur, cafodd
gynnig tipyn o waith, a oedd yn amrywio'n fawr o ran safon,
yn ystod y blynyddoedd nesaf. Ymddangosodd mewn drama yn
seiliedig ar un o straeon Islwyn Williams, ac mewn addasiad
o ddrama Ffrengig, *Pathelin*, oedd, a dweud y gwir, braidd yn
pathetic, a bu'n actio gyda Conrad Evans a Glanffrwd James
mewn drama yn dwyn y teitl *Pwll y Môr*. Prin fod neb yn cofio'r
cynhyrchiadau erbyn hyn, ar wahân i'r actorion anffodus fu'n
actio ynddyn nhw. Heb os, *Pwll y Môr*, addasiad o waith Rabelais,

oedd y gwaetha. Mae'r ddrama wedi'i gosod yn Ffrainc yn yr unfed ganrif ar bymtheg a'r stori'n syml yw fod gŵr bonheddig yn galw ar dri ffisigwr i wella'i wraig sydd wedi mynd yn fud. Mae'r tri yn cyrraedd, Ronnie yn eu plith, wedi'u gwisgo mewn dillad dwyreiniol, yn union fel petaen nhw'n mynd i glyweliad am ran ym mhantomeim *Aladdin*. Yn y pen draw, maen nhw'n dyfeisio peiriant sy'n edrych fel un ail-law o ffatri siocled Willy Wonka, ac mae'r peiriant yn galluogi'r wraig i siarad eto fel – cofiwch deitl y ddrama – pwll y môr! Ond, dyna ni, i Ronnie, roedd e'n waith, ac yn talu. Yr hyn sy'n eironig ac yn rhwystredig i rywun sy'n pori drwy archif ffilm y BBC, ydi fod dramâu sâl, fel yr uchod, wedi cael eu diogelu, tra bo deunydd o safon wedi'i ddinistrio.

Yn 1987, roedd Ronnie ar daith unwaith yn rhagor, gyda chynhyrchiad Cwmni Chware Teg o un arall o ddramâu T. James Jones, *Nadolig fel Hynny*. Un o'r actorion eraill yn y ddrama oedd Emyr Wyn.

> Fi'n cofio taith o Theatr Felin-fach i'r theatr yn Harlech. Fe adawson ni ar ôl brecwast ac roedd Ronnie eisoes wedi cael dau beint. Trefnwyd i gyfarfod am ginio yn y Cŵps yn Aberystwyth – peint neu ddau yn y fan honno. Gan ei fod yn teithio yng nghar Geraint Lewis, roedd wedi mynnu aros ar y ffordd ym Machynlleth am beint neu ddau yn y Wynnstay. Ymlaen wedyn i Harlech, ac erbyn i weddill y cast gyrraedd roedd gan Ronnie blatied o frechdanau o'i flaen a pheint. Cafodd ddau beint arall, cyn mynd i mewn i'r theatr am 6 yn cario 4 can o Carslberg Special Brew.

Dyma ddiwrnod cyffredin yn hanes Ronnie bellach. Roedd pob diwrnod yn cychwyn gydag alcohol ac yn gorffen gydag alcohol, ond pan ddaeth Eryl ei hen ffrind ysgol draw i'w weld yn y Red Lion yn Aberteifi, a siarad gyda Ronnie, o'i brofiad ei hun, am effeithiau alcoholiaeth, gwrthodai Ronnie gydnabod ei fod yn dioddef o'r afiechyd, er gwaetha'r ffaith fod nifer ei ymweliadau ag ysbytai, o ganlyniad i oryfed yn gymysg â chyffuriau, wedi cynyddu.

Ac eto, ar y llwyfan, yn ei olygfa gynta, pan oedd gofyn i gymeriad Ronnie geisio addurno coeden Nadolig, er gwaetha'r holl gwrw a yfodd, roedd ei berfformiad – fel y *brew*, hefyd yn *special*, yn ôl Emyr – 'Un o'r perfformiadau mwyaf doniol wi wedi'i weld erioed ar lwyfan y theatr yng Nghymru.' Bob tro y byddai'n ceisio addurno'r goeden gyda'r goleuadau bach lliwgar, roeddent yn ffiwsio, a'r gynulleidfa'n chwerthin yn afreolus wrth weld rhwystredigaeth Ronnie'n cynyddu wrth iddo geisio dangos i'r goeden Nadolig mai fe oedd y bòs.

Weithiau byddai Ryan yn penderfynu dilyn ei drwyn comedïol, yn hytrach na'r sgript. Bryd hynny, byddai Ronnie yn ei ddilyn, heb wybod yn iawn i ble. Ond drwy greu dialog ychwanegol byrfyfyr, gallai Ronnie arwain Ryan yn ôl at y sgript wreiddiol, fel tae dim byd wedi mynd o'i le. Roedd gan y ddau ffydd yn ei gilydd. Ac felly, yng ngolygfa agoriadol *Nadolig fel Hynny*, er fod Ronnie, y tro hwn, wedi penderfynu dilyn ei drwyn comedïol, gwyddai yntau, fel Ryan gynt, sut i chwarae gyda chynulleidfa fel pysgotwr yn denu'r pysgodyn i gymryd y bachyn.

Pan oedd gwaith yn brin ac erbyn diwedd yr wythdegau, roedd hynny'n digwydd yn aml, byddai Ronnie'n trefnu noswaith yn y Red Lion, neu mewn neuaddau yng Ngheredigion lle byddai'n dangos tapiau fideo o raglenni *Ryan a Ronnie*, tapiau o gasgliad preifat Ronnie, nad oeddynt bellach yn rhan o archif swyddogol y BBC. A phan fyddai Arwyn, mab Ryan, yn mynd draw i aros gyda Ronnie am benwythnos, byddai Ronnie'n fwy na pharod i fynd drwy'r tapiau unwaith eto gan ddangos i'r mab gymaint o dalent oedd gan ei dad. Yn ôl Arwyn, roedd hi fel dosbarth meistr, gyda Ronnie'n stopio'r peiriant bob tro yr oedd e eisiau i Arwyn sylwi ar amseru Ryan neu'r ffordd yr oedd un edrychiad ganddo yn dweud y cyfan:

> Roedd hi'n amlwg ei fod e'n meddwl y byd o Dad. Ond fi'n cofio wedodd e wrtho i am fod yn fi fy hunan bob amser, a pheidio ceisio bod yn fab fy nhad. Falle na chafodd Ronnie y clod yr oedd e'n ei haeddu am fod yn *straight man* mor dda. Jobyn anodd iawn, a dwi ddim yn credu fod pobol yn sylweddoli pa mor anodd oedd hi, sefyll yno a gweld rhywun arall yn cael y *laughs*.

Yn 1988, ymddangosodd y pennawd hwn yn y *South Wales Evening Post*: 'Ryan's son is chip off the old block'. Cyfeiriad at y ffaith fod Arwyn, a Ronnie hefyd, wedi cael gwahoddiad i berfformio mewn noson i godi arian i Dŷ Tawe ydoedd. Irene, mam Arwyn, oedd wedi ffonio Ronnie i ofyn a fyddai'n fodlon ymddangos gydag Arwyn yn un o hen sgetsys Ryan. Ac wrth gwrs, fe gytunodd. Enw crand y noson oedd *Night of a Hundred Stars*, ac am un noson yn unig, roedd Ronnie yn un ohonyn nhw unwaith eto.

Erbyn hyn roedd Ronnie'n mwynhau gwaith llwyfan yn fwy na gwaith teledu – yn rhannol wrth gwrs am nad oedd neb yn cynnig gwaith teledu iddo. Yn 1988 fe sefydlwyd cwmni Theatrig gan Ceri Sherlock, gyda'r bwriad o lwyfannu gweithiau modern Ewropeaidd mewn dull arbrofol, a fyddai'n sialens nid yn unig i'r actorion ond i'r gynulleidfa hefyd. Fe gafodd Ronnie wahoddiad gan Ceri i actio rhan Pozzo yn y ddrama *Godot*, oedd yn addasiad o ddrama Samuel Beckett, *Waiting for Godot*. Pedwar oedd yn y cast: Alun Elidir fel Vladimir, Nic Ross oedd Estragon, Ronnie'n chwarae rhan Pozzo, a Judith Humphreys yn chwarae rhan Lucky. Roedd hithau'n teimlo'n lwcus ei bod hi yn yr un cynhyrchiad â Ronnie:

> Dwi'n cofio cyffroi wrth feddwl fy mod i'n mynd i fod yn yr un cast â Ronnie Williams, a fynta'n ffigwr cenedlaethol. I actores ifanc yn ei hugeiniau, mi oedd o mor gefnogol. Roedd o'n berson annwyl… hynaws ac urddasol… ac mi oeddwn i'n teimlo'n gyfforddus yn ei gwmni o. Roedd ganddo ddawn fawr ond, ar yr un pryd, roedd o'n berson gwylaidd hefyd… ac yn ddiymhongar… yn trin pawb yr un peth. Dwi'n falch mod i wedi cael y cyfle i'w nabod o a chydweithio efo fo.

Rhys Powys oedd cyfarwyddwr y ddrama, ac fe benderfynwyd llwyfannu'r cynhyrchiad tu mewn i fframwaith oedd yn cynrychioli caetsh. Mae cyfeiriad yn y ddrama at goeden ar y llwyfan ac ar gyfer y cynhyrchiad fe adeiladwyd un o fetel, oedd yn ddigon cryf i gynnal pwysau Alun a Nic. Penderfynwyd hefyd, yn unol ag ysbryd abswrd y ddrama a'r cynhyrchiad, y byddai Alun Elidir a Nic Ross yn ymgorffori nodweddion cymeriadau Sid Vicious o'r Sex Pistols a Jim Morrison o'r Doors. Wedi'r cwbl, yn gam neu'n gymwys, sail yn unig oedd drama wreiddiol Beckett i gynhyrchiad y cwmni, ac fe aethant ati i ailsgwennu ac addasu'r ddrama wreiddiol.

Fel rhan o'r paratoi ar gyfer yr ymarferion fe aeth Rhys Powys am dro i'r sŵ, i astudio symudiadau'r anifeiliaid, ac fe dreuliodd Alun Elidir a Nic Ross ran o'r cynhyrchiad yn neidio o gwmpas y fframwaith ac yn dringo ar hyd y canghennau fel mwncïod egnïol, tra oedd Ronnie a Judith, fel Pozzo a Lucky yn aros… ac yn aros… ac yn aros… am Godot. Er mwyn lladd amser, maen nhw'n athronyddu, yn cysgu, yn darllen, yn canu, yn ymarfer, yn ystyried lladd eu hunain, ac… yn aros… i Godot gyrraedd.

Mae yna un cyd-ddigwyddiad rhyfedd rhwng Ronnie a'i gymeriad yn y ddrama, gyda llaw, a'r ffordd y mae Beckett yn disgwyl i unrhyw un sy'n dehongli cymeriad Pozzo, i wneud hynny. Dyma gyfarwyddyd Beckett: 'Pozzo is Hypomanic, and the only way to play him, is to play him mad.' Yng nghyd-destun yr hyn a ddigwyddodd i Ronnie tua diwedd ei oes, mae geiriau Beckett yn syfrdanol o broffwydol. Wyth mlynedd ar ôl chwarae rhan Pozzo yn y ddrama fe gyhuddwyd Ronnie yn 1996 o gynnal raffl heb drwydded ac o ddwyn arian y raffl. Pan aethpwyd ag ef o flaen ei well, chwe mis cyn iddo ladd ei hun, fe alwyd seiciatrydd fel tyst gan yr amddiffyniad. Yn ôl y seiciatrydd, roedd Ronnie'n ymddwyn yn afresymol ac anghyfreithlon oherwydd ei fod yn analluog i ddirnad y gwahaniaeth rhwng gweithredoedd da a rhai drwg, a'i fod, fel Pozzo, ei gymeriad yn nrama Beckett, yn dioddef o hypomania.

Cynhelid yr ymarferion ar gyfer *Godot* yn Neuadd Alexandra, yn Aberystwyth, ond doedd gan Ronnie fawr o ddiddordeb yn yr ymarferion corfforol y byddai'r cwmni yn eu gwneud cyn dechrau ymarfer y ddrama. Gwrthodai orymdrechu'n gorfforol, gan eistedd yng nghornel yr ystafell ymarfer, yn hytrach, fel *elder statesman*, yn darllen y papur newydd. Eto i gyd, yn ôl Rhys Powys, roedd o'n bleser ei gyfarwyddo, a byddai'n fwy na hapus i arbrofi gyda syniadau oedd bob amser yn heriol, ac ar brydiau, braidd yn wirion.

Cofia Rhys iddo ofyn i'r actorion geisio plethu rhai o'u syniadau eu hunain, gyda syniadau Beckett, drwy ailsgwennu rhai o'r golygfeydd. Gwaith cartref, os mynnwch chi.

Erbyn y bore canlynol roedd Ronnie wedi ysgrifennu golygfa fechan, ac fe'i cyflwynodd i Rhys gydag esboniad:

Mae hi wedi cymryd chwarter canrif o fyw yng Nghaerdydd
i mi sylweddoli fod pawb adre yng Nghefneithin yn dweud
popeth dair gwaith, cyn symud 'mlaen.

Dai a Wil yn cael sgwrs, a Dai yn esbonio i Wil sut oedd
y lori wedi cael damwain.

Dai: Bore ddo' 'chan... yn y lori... lawr Nant y Caws...
bwrw patshyn o iâ... mewn i'r ca'.

Wil: Jiw Jiw.

Dai: Yn y lori chan... bore ddo'... lawr Nant y Caws...
patshyn o iâ... taro reit mewn i'r ca'.

Wil: Cer o 'ma.

Dai: Wi'n gweud wrthot ti... tyle Nant y Caws, bore
ddo'... patshyn o blydi iâ, gw' boi... lori... drw'r
clawdd... mewn i'r ca'.

Wil: Wel gwed y gwir.

Dyna sut roedd Ronnie'n gweld y ddeialog yn Godot – yn
abswrd, ond ddim gronyn llai abswrd na'r sgwrs yn y Cross Hands
am y ddamwain ar allt Nant y Caws.

Roedd yr hyn ddigwyddodd un noson yn Llandysul, pan oedd
y cwmni ar daith, yn reit abswrd hefyd. Diffoddodd y golau'n
ddirybudd. Roedd hi'n ddu fel bol buwch, ond fe gariodd yr
actorion yn eu blaenau, yn y tywyllwch, ac mae'n bur debyg fod
rhai o'r gynulleidfa o leia, yn credu fod clywed actorion, ond heb
eu gweld, yn un arall o syniadau rhyfedd awdur y ddrama. Ond
fe'u dadrithiwyd, pan glywsant lais Ronnie yn gweiddi o ganol
y gwyll: "Na ni, *typical* Rhys Powys production. Allen i fod ar
y llwyfan yn y London Palladium nawr, nid yn y tywyllwch yn
Llandysul!' Cerddodd Ronnie i flaen y llwyfan a dechrau siarad
yn ddychanol am bobol ifanc a'r theatr gyfoes yng Nghymru'r

wythdegau, er mwyn rhoi cyfle i'r trydanwr Brian Sandsbury achub y sefyllfa a goleuo'r llwyfan unwaith eto. Yn y cyfamser roedd Brian, ein harwr, wedi symud lori fawr y cwmni a'i pharcio gyda'i thrwyn o fewn modfedd i un o ffenestri mawr y neuadd. Agorwyd y ffenest. Daeth golau'r lori ymlaen, goleuwyd y llwyfan, ac aethpwyd ymlaen â'r perfformiad.

Yn ei sylwadau mewn colofn yn *Y Cymro*, roedd Ioan Williams yn canmol portread Ronnie: 'Mae Pozzo anarchiadd Ronnie Williams gyda'i hiwmor gwerinol a'r amseru meistrolgar yr hyn yr ydym yn ei ddisgwyl ganddo.'

Byddai Beckett wedi cymeradwyo'r sylwadau a'r perfformiad hefyd, er bod lle i gredu nad actio'r cymeriad yr oedd Ronnie, ond ei fyw.

Dod i'r Dead Stop

Ar ôl ei berfformiad yn *Godot*, ac er i'r perfformiad hwnnw gael ei ganmol yn y wasg, gan Ioan Williams ac eraill, ni chafodd Ronnie gyfle arall i actio ar lwyfan, ac nid oedd ei ymddangosiadau ar deledu na ffilm ddiwedd yr wythdegau yn fynych na chofiadwy. Pwy, ar wahân i'r cyfarwyddwr, sydd bellach yn cofio'r ddrama deledu *Mecca'r Genedl*? Yng ngeiriau Endaf Emlyn, oedd yn adleisio geiriau nifer o gyfarwyddwyr o'i flaen, 'Roeddwn i'n barod i weithio o amgylch problemau yfed Ronnie, oherwydd y byddwn yn siŵr o gael perfformiad da, gwahanol a diddorol.' Erbyn dechrau'r nawdegau, ac o edrych eto ar y perfformiadau, chwarter canrif yn ddiweddarach, mae'n rhaid gofyn y cwestiwn a oedd yna elfen o dosturi, o gydymdeimlad â sefyllfa fregus Ronnie, ac o geisio helpu cyfaill, ar wahân i ystyriaethau proffesiynol, ymhlyg ym mhenderfyniad rhai cyfarwyddwyr i gynnig gwaith iddo.

Cafodd ran gan Paul Turner, cyfarwyddwr y ffilm *Hedd Wyn*, fel un o ddihirod Dyfed yn y gyfres o'r un enw. A phan aeth aelodau o bwyllgor gefeillio Cwmderi draw i Duarnenez yn Llydaw, Ronnie, yng ngwisg y Maer, Monsieur Bontrell, oedd yno i gynnig *croissant* cynnes i bob un o bobol y cwm. Drwy'r cyfnod anodd hwn o ddioddef iselder ysbryd o ganlyniad i brinder gwaith, bu Lyn ei wraig yn gefn mawr iddo, hyd yn oed yn ei benderfyniad annoeth i reoli tafarn arall – y Narberth Arms yn Llandysilio, Clunderwen, y tro hwn. Gyda llaw, enw'r bobl leol ar y dafarn oedd y Dead Stop, oherwydd fod pobol yn galw yno ar eu ffordd adref o'r gwasanaethau angladdol yn amlosgfa Arberth. Yn ôl Lyn, ni fu'n rhaid i Ronnie gael cyfweliad gan y bragdy, gan fod y cytundeb yn ei henw hi. Pe bai Ronnie wedi cael cyfweliad gan berchnogion y bragdy, ac wedi llwyddo i berswadio'r perchnogion mai'r person gorau ar gyfer y swydd oedd alcoholig oedd yn dioddef o iselder ysbryd cyson, byddai hynny wedi profi'n ddigamsyniol cystal actor oedd o.

Yn ôl Lyn, hi oedd yn gwneud y gwaith i gyd, tra oedd Ronnie'n cadw'i gwsmeriaid yn hapus, drwy brynu diodydd i bawb drwy'r amser, a chynnal nosweithiau lle byddai'n ailddangos, eto fyth, ei gasgliad o raglenni *Ryan a Ronnie*. Yng ngeiriau Lyn, 'Roedd e'n hoffi'r sylw'. Gwaethygodd ei iechyd yn ystod y cyfnod y bu yno er gwaetha'r ffaith ei fod yn peidio ag yfed am gyfnodau hir – ond yna'n ailddechrau. Ond arwydd sicr oedd hynny ei fod yn alcoholig ac fe aethpwyd ag ef i'r ysbyty sawl tro, unwaith ar ôl iddo gael ffit ar lawr y dafarn.

Ac eto, er gwaetha'i gyflwr, ar ôl i'r cyfarwyddwr teledu Dilwyn Jones a'r awdur Dafydd Rowlands ddod draw i'r dafarn am sgwrs, fe gynigiwyd rhan iddo yn y gyfres *Licyris Olsorts*, fel Dan Bach y Blagard.

'Cân o hiraeth am gymdeithas a ddaeth i ben yn y chwedegau yw Licyris Olsorts.' Geiriau Iwan Llwyd, wrth ddisgrifio'r gyfres yn y wasg, yn 1992. 'Yn drwm dan ddylanwad *Last of the Summer Wine*, gwelwn griw o henwyr yng Nghwm Tawe yn treulio'u henaint ac yn gwario'u pensiwn yn claddu cyfoedion ac yn hel atgofion am eu gwrhydri... Ac yn gynyddol ar eu traws daw nodau cras roc a rôl a chysgodion du a gwyn y teledu. Mae'n braf clywed acenion Cymraeg y fro hon, ac mae'r hiwmor cynnil yn denu gwên, er bod rhywun yn ymwybodol na welwn eto y diwylliant a arferai fyrlymu yn y cymoedd hyn.' Percy Mei Lady, Sam Corc, Wil Bach y Clwddgi, Twm Tweis a Dan Bach y Blagard, y rhain oedd rhai o'r cymeriadau a seiliwyd i raddau ar bobol yr oedd yr awdur Dafydd Rowlands yn eu cofio ym Mhontardawe.

Siw Hughes oedd yn actio Deborah, chwaer Ronnie: 'Fo oedd y fenga o'r criw o ddynion, ond roedd o'n edrych yn hŷn na phob un ohonyn nhw! Roedd hi'n drist i mi gofio am Ryan a Ronnie yn eu siwtiau *fabulous*... a wedyn gweld o 'mlaen y dirywiad corfforol... doedd ganddo ddim llawer o fynadd a deud y gwir i drafod cyn gwneud yr olygfa. Roedd o wedi blino... roedd o jyst isio'i neud o... a gorffan... a dyna ni. Yn anffodus roedd yr holl yfed yn ei neud o'n flin hefyd ac felly os oedd o'n gorfod gwneud golygfa naw, deg, weithia un ar ddeg o weithiau, am 'i fod o'n methu cael ei eiriau allan neu'n eu hanghofio nhw... mi fydda fo'n beio pawb ond fo'i hun.'

Tra'n ymddangos yn *Licyris Olsorts*, fe gafodd Ronnie ran fechan iawn, un olygfa yn unig, yn y ffilm *Dafydd*, ffilm y bu tipyn o drafod arni yn y wasg ac ar y cyfryngau, cyn ac ar ôl iddi gael ei ffilmio. Hon oedd ffilm gynta'r actor Richard Harrington, a fo oedd yn chwarae'r prif gymeriad. Unig olygfa Ronnie yw honno lle mae o a'i fab yn edrych o gopa un o'r bryniau ar olygfa o gymoedd de Cymru, ac yntau'n clywed gan ei fab ei fod wedi penderfynu gadael cartre i chwilio am fywyd mwy cyffrous yn Amsterdam, bywyd a ddaw â pherthynas hoyw a gweithred dreisiol yn ei sgil. A ddylid bod yn dangos golygfeydd o'r fath ar y teledu? Dyna'r cwestiwn a ofynnid ar y pryd gan y rhai a oedd yn erbyn dangos y ffilm. Yn nhermau'r hyn sy'n cael ei ganiatâu heddiw, bron i chwarter canrif yn ddiweddarach, dwi'n amau a fyddai'r ffilm yn creu'r fath storm o brotest ond ar y pryd, roedd y cynhyrchiad yn un heriol iawn. Yn ei adolygiad, honnodd Richard Crowe, aelod o Cylch, y mudiad i hoywon a lesbiaid Cymraeg, mai *Dafydd* oedd y ffilm gynta yn Gymraeg gyda phrif gymeriadau hoyw. Mae'n wir dweud mai hon oedd y ffilm gynta yn y Gymraeg i drafod y pwnc mewn unrhyw ddyfnder, ond ddeng mlynedd ar hugain cyn hynny, yn 1963, fe wnaed ffilm ddu a gwyn yng Nghaerdydd gan gwmni cynhyrchu Dyffryn Films, yn dwyn y teitl *Y Dieithryn*, sef stori myfyriwr ifanc sy'n ceisio dod i delerau â bywyd yn y ddinas ddieithr. Mewn un olygfa, mae'r myfyriwr yn cyfarfod â gweinidog un o gapeli Caerdydd, ac mae yntau'n ceisio perswadio'r bachgen ifanc i gael perthynas hoyw, a hynny mewn cyfnod pan oedd perthynas o'r fath yn anghyfreithlon, ac yn cael cosb o garchar. Ni welodd y ffilm honno olau dydd. Ei chyfarwyddwr, a'i chynhyrchydd oedd Ronnie Williams.

Yn 1996, fe ymddangosodd Ronnie yn ei ffilm olaf, a'i ran olaf hefyd, fel Mr Mort yn *Twin Town*. A phan ofynnwyd i Kevin Allen, y cyfarwyddwr, pam y gofynnodd i Ronnie chwarae'r rhan fechan yn y ffilm am anturiaethau'r efeilliaid gwallgo, Rhys Ifans a'i frawd Llŷr, yn ninas Abertawe, ei ateb oedd, 'I wanted an old Welsh icon'. Dim ond 57 oed oedd Ronnie ar y pryd.

Ar wahân i un olygfa lle mae Ronnie a'i wraig (Buddug Williams, neu Anti Marian o *Pobol y Cwm* i chi a fi) yn gwerthu tabledi diazepam i'r efeilliaid, dim ond mewn un olygfa arall y mae Ronnie'n ymddangos, sef golygfa ola'r ffilm, ar Bier y Mwmbwls, lle mae Côr Meibion Pontarddulais wedi ymgynnull gyda'r nos i ganu 'Myfanwy' o dan arweiniad Ronnie. Dyma'i berfformiad olaf, ac fe ddaw i ben gyda'r camera'n ymbellhau oddi wrtho i sŵn y côr yn canu geiriau arbennig o addas yng nghyd-destun bywyd proffesiynol Ronnie: 'I ddim ond dweud y gair ffarwél'.

Truenus, unig ac euog

O'dd e bob amser yn cario fflasg o fodca 'da fe a weithie os oedd e'n cal coffi bydde fe'n rhoi dropyn miwn, yn dawel, yn y cwpan. Bwytu amser cino y bydde fe'n dod miwn, ac yn ishte bwys y bar yn darllen 'i bapur newydd… O'dd e'n hoffi llonydd, adeg 'na o'r dydd… Wedyn ddiwedd y prynhawn, bydde fe off i'r clwb golff, i yfed 'to.

Dyna'r Ronnie yr oedd Maisie, perchennog y Red Lion yn Aberteifi, yn ei gofio. Roedd hi hefyd yn cofio'r nosweithiau yn y Red, pan fydde Ronnie'n dweud straeon am y 'dyddia da', ac yn dangos yr hen fideos ohono ef a Ryan, ugain mlynedd ynghynt yn perfformio o flaen cynulleidfa eiddgar ei chymeradwyaeth yn y stiwdio deledu. Er bod chwarter canrif wedi mynd heibio ers y dyddiau hynny, roedd yr awydd i berfformio o flaen cynulleidfa, boed honno mewn tafarn neu ar lwyfan, yn parhau'n gryf tan y diwedd. Ond doedd y cynulleidfaoedd ddim yn tyrru fel cynt. Pan ddaeth yr Eisteddfod Genedlaethol i Fro Dinefwr yn 1996, neilltuwyd ystafell gefn yng ngwesty'r Golden Grove yn Llandeilo i Ronnie. Ei fwriad oedd gwneud arian drwy gynnal nosweithiau lle byddai'n siarad gyda'r gynulleidfa am ei brofiadau yn y 'busnes', yn dangos rhaglenni *Ryan a Ronnie*, ac yn ateb cwestiynau. Bu'r cyfan yn fethiant llwyr, ac ar ôl tair noson denau iawn ei chynulleidfa, canslwyd y noson olaf, oherwydd diffyg diddordeb yr eisteddfodwyr, a llwyddodd y gwesty i gynnal noson wahanol yn ei lle – noson o ganu a barddoniaeth gyda Myrddin ap Dafydd,

Ceri Wyn Jones, Geraint Løvgreen ac eraill yn perfformio. Roedd y lle dan ei sang.

Erbyn diwedd 1996 roedd iechyd Ronnie, yn gorfforol ac yn feddyliol, yn fregus. Yn ôl un o'i ffrindiau ar y pryd, roedd hi'n amlwg ei fod yn ystyried lladd ei hun, 'Fe ofynnodd Ronnie i mi un noson, beth fydde'n digwydd petae e'n rhoi'i fys mewn *socket* neu'i ben mewn ffwrn.'

Ac yn ôl ei gyfaddefiad ei hun roedd hefyd wedi ystyried 'mynd at y bont', sef Pont Aberteifi, a thaflu'i hunan i mewn i'r afon, a hynny ar ôl achos llys lle cafodd ei gyhuddo o ddwyn £1,789 o bunnau o arian raffl a drefnwyd ganddo at achos da. Gan fod ei wraig Lyn yn dioddef o *multiple sclerosis*, byddai'r arian, yn ôl Ronnie, yn mynd i gronfa'r gymdeithas er mwyn prynu peiriant fyddai'n caniatáu i ddioddefwyr gael triniaeth yn lleol yn hytrach na gorfod teithio i Abertawe.

Car Fiat Bravo pwerus wedi'i brynu o garej leol yn Llandudoch oedd prif wobr y raffl ac, yn ôl y perchennog, fe lwyddodd i gael benthyciad i Ronnie er mwyn iddo allu prynu'r car am £15,000. Daeth yn amlwg yn ystod yr achos, fodd bynnag, fod Ronnie eisoes mewn dyled i'r banc a chwmnïau eraill, a'i fod yn rhygnu byw ar gymhorthdal ariannol o drigain a chwech o bunnau'r wythnos yn unig. Gwerthwyd tocynnau ar y stryd yn Aberteifi, a channoedd ar faes y Sioe Frenhinol yn Llanelwedd, cyn i'r raffl gael ei chanslo. Am y trydydd tro yn ei hanes, roedd Ronnie wedi trefnu raffl anghyfreithlon. Yn y llys, esboniad Ronnie am ddiflaniad yr arian a dalwyd gan y cyhoedd dan yr argraff fod gobaith ganddynt i ennill y car, oedd ei fod wedi'i wario ar dreuliau, galwadau ffôn, gwestai, tanwydd a thaliadau yn ôl i'r banc am y benthyciad a gafodd. Hyn i gyd er gwaetha'r ffaith fod ei fab Arwel wedi'i rybuddio i ofalu am yr arian; 'Fe ddwedais i wrtho am fynd â'r arian yn syth i elusen MS yn Abertawe a gofyn am dderbynneb.

Ond nath o ddim. Fe gadwodd y pres, a sgwennu siec – a honno'n bownsio.'

Galwyd ar Huw Edwards, seiciatrydd lleol, fel tyst arbenigol gan yr amddiffyniad, ac fe ddywedodd hwnnw, fel y soniwyd eisoes, fod cyflwr meddwl Ronnie wedi dirywio i'r fath raddau fel na allai wahaniaethu rhwng gweithred dda ac un ddrwg. Credai fod unrhyw beth a wnâi yn iawn ac yn gyfreithlon. Yn ystod yr achos fe newidiodd Ronnie ei ble i 'euog' o gynnal dwy loteri yn anghyfreithlon, a chafodd gosb o flwyddyn o garchar, wedi'i gohirio. Fe'i cafwyd, drwy ryw ryfedd wyrth, yn ddieuog o ddwyn yr arian. Geiriau olaf y Barnwr wrtho oedd rhybudd llym:

You musn't become involved with anything like this again. You paid no attention at all to the requirements of the Lotteries Act and let down very badly not only those who trusted you at the outside, but the charities involved. But I accept it was your intention that the charities would have benefitted.

Fe'i condemiwyd gan lawer yn Aberteifi am ei ymddygiad, a chredai nifer y dylai fod wedi cael ei garcharu.

Cafodd yr achos llys, a'r cyhoeddusrwydd negyddol a'i dilynodd, effaith andwyol ddyfnach ar ei iechyd. Cafodd drawiad ar y galon, a threuliodd ddeufis yn Ysbyty Glangwili, a dychwelodd yno ymhen amser oherwydd ei fod wedi cymryd gor-ddos o dabledi gyda'r bwriad o ladd ei hun.

Camodd allan o'r llys ar ôl y ddedfryd ac yn syth i mewn i gar oedd wedi'i drefnu ar ei gyfer gan raglen deledu *Y Byd ar Bedwar*. Mae'n debyg ei fod wedi cytuno i ymddangos ar y rhaglen am y byddai'n gyfle iddo ddweud ei ddweud, a hyd yn oed gyfiawnhau rhai o'i weithredoedd.

Mae'r rhan fwyaf o'r rhaglen yn gyfweliad rhwng Betsan Powys, sydd bellach yn Olygydd Radio Cymru, a Ronnie, sy'n eistedd ar ochor bryncyn yn edrych allan dros Fae Aberteifi. Dyw e ddim wedi siafio, mae'n edrych yn flêr, golwg wyllt yn ei lygaid ac ar brydiau mae'n siarad yn aneglur oherwydd effaith yr alcohol. Gellid dweud fod y cyfweliad yn ddadlennol oherwydd fod Ronnie, drwy ei hunandosturi, yn mynegi'i deimladau am yr hyn oedd wedi bod yn ei gorddi ers blynyddoedd. Ond mae'n bwysig cofio mai alcoholig, yn dioddef o iselder ysbryd, oedd wedi ceisio lladd ei hun fwy nag unwaith sy'n siarad. Mae'n rhaid gofyn hefyd, wrth wylio'r rhaglen, pa mor ddidwyll a gonest yw atebion Ronnie, o gofio ei fod yn actor sy'n brofiadol iawn o flaen y camera, ac wedi arfer ffugio teimladau. Credai ei fod wedi cael ei esgymuno gan bobol a allai fod wedi rhoi gwaith iddo, ac nad oedd neb eisiau actio efo fo. I'r gwrthwyneb. Drwy'r wythdegau a'r nawdegau, hyd at flwyddyn cyn ei hunanladdiad, pan oedd o'n actio yn y gyfres *Licyris Olsorts*, roedd cynhyrchwyr wedi rhoi gwaith iddo, ac actorion a sgwenwyr amyneddgar wedi cydweithio efo fo hefyd. Ronnie oedd yn anfodlon, neu'n analluog, i'w helpu ei hunan.

Roedd y cyfnod o iselder yn parhau ac yn dyfnhau; cymerodd or-ddos o dabledi paracetamol yn gymysg â fodca ac fe aethpwyd ag ef i Ysbyty Glangwili, ond ar ôl diwrnod yn yr ysbyty fe adawodd, yn groes i gyngor meddygol.

Ar y Sadwrn cyn dydd Nadolig 1997, mae Maise'n cofio ei fod wedi dod i mewn i'r Red Lion, ar ei ben ei hun, 'ond o'n i'n rhy fishi i gael sgwrs 'da fe. Edrych yn ôl, fi'n difaru. Falle tawn i wedi sgwrsio 'da fe y bydde pethe wedi bod yn wahanol. 'Na'r tro dwetha weles i e.' Fe ddaeth Arwel i lawr o'r gogledd yn bryderus am ei gyflwr, ar ôl cael gair ag ef ar y ffôn, i geisio'i ddarbwyllo i fynd i fyny ato i dreulio'r Nadolig. Ond roedd Ronnie am aros i lawr yn Aberteifi. 'Wrth i mi adael,' meddai Arwel, 'mi ddudish wrtho fo mod i'n ei garu o. A dyna'r tro ola i mi ei weld o.'

*

Darganfuwyd y corff gan Peter Bodenham o Landudoch a'i dynnu allan o afon Teifi mewn man oedd yn anodd ei gyrraedd, rhwng Ferry Inn a Teifi Inn yn ymyl Graig Pool. Roedd wedi bod yn yr afon am saith niwrnod, a'r watsh am ei arddwrn wedi stopio am 2.08am ar yr ail ar hugain o Ragfyr. Mae'r watsh heddiw ym meddiant ei fab Arwel. Dydi'r amser na'r dyddiad ddim wedi cael eu newid.

Pan ddarganfuwyd y corff, doedd neb yn sylweddoli ar y pryd mai corff Ronnie oedd o, gan amau'n hytrach mai corff llongwr o gwch pysgota Ffrengig a aeth ar goll ar ddydd Nadolig ydoedd.

Aethpwyd i mewn i fflat Ronnie er mwyn ceisio darganfod tystiolaeth a fyddai'n awgrymu beth oedd ei symudiadau yn ystod y cyfnod cyn yr hunanladdiad. Gwelodd yr heddlu fod teledu bychan, a theledu mwy, a stereo, ar eu hochrau ar ganol y llawr. Ar y soffa, roedd nifer o boteli tabledi gwag, yn cynnwys diazepam, Nytol, a paracetamol. Ar y bwrdd, roedd dwy amlen frown yn cynnwys neges bob un, y naill i'w lysferch Angharad, a'r llall i Lyn. Roedd y neges i Angharad yn cydnabod y gofal a'r cariad ddangoswyd ganddi tuag ato:

> Wedi mynd at Dduw am heddwch. Diolch i ti am dy help. Ronnie xxx.

Roedd y geiriad ar flaen yr amlen i Lyn yn ffurfiol, ac yn oeraidd o ddideimlad:

> Mrs. M. L. Williams, of no address, or anybody's.

Tu mewn, neges i Lyn:

'Er dy ymddygiad uffernol dros y ddwy flynedd ddwetha
tuag ata i wnes i caru ti i'r diwedd. Cysga'n dawel os fedri...

Mae yna linell arall i'r nodyn, ond ni thâl i goffadwriaeth neb ei
hailargraffu yma, gan mor chwerw a ffiaidd yw ei chynnwys.

Aethpwyd â'i gorff i Ysbyty Llwynhelyg, ac am bedwar o'r
gloch y prynhawn fe gadarnhawyd mai corff Ronnie Williams,
Feidr Fair, Aberteifi, ydoedd. Yn ôl yr archwiliad *post-mortem*,
roedd e'n dioddef o *congestive cardiomyopathy, cirrhosis* yr afu, o
ganlyniad i oryfed, a dibyniaeth ar benzodiazepine.

Dyfarnodd y Crwner, Michael Howells, fod Ronnie wedi lladd
ei hun, gan ychwanegu'r geiriau canlynol: 'Ronnie's career never
recovered from the untimely death of Ryan and the sad history
we have heard shows what deterioration can happen when a close
relationship in a top act is destroyed by the death of one of them.'

Mewn teyrnged iddo, flwyddyn ar ôl ei farwolaeth, fe
ddywedodd awdur y gyfres *Licyris Olsorts*, Dafydd Rowlands,
wrth gofio'r 'dyddiau da':

Dyddiau'r uchelfannau chwil oedd y rheini pan oedd
Ryan a Ronnie yn mwynhau rhuthr cyffrous y Jaguars
gwynion yn y lôn gyflym, ac roedd y gwefrau'n felys
a'r clod yn haeddiannol. Ond nid pinaclau yn unig mo
bywyd, mae 'na ddyffrynnoedd hefyd, ac ambell un yn
ddyfnach na'r môr, ac yn dywyllach na'r nos. Fe wyddai
Ronnie am y rheini, yn ogystal.

Dros y bont, yn ôl i'r llyn

Er fod angladd Ronnie, ar y chweched o Ionawr 1998, yn achlysur oer, glawog a diflodau, fe ddaeth cannoedd i Amlosgfa Parc Gwyn yn Arberth i dalu'r deyrnged olaf. Wythnos ynghynt roedd y *Western Mail* wedi cofnodi'i farwolaeth mewn penawd swta yn ymylu ar fod yn ddirmygus: 'Comic's body found'. Byddai'r geiriau wedi codi gwrychyn Ronnie. '*Character actor* oeddwn i, nid *comedian*,' meddai fwy nag unwaith ar ôl marwolaeth ei bartner. 'Ryan oedd y comic.'

Yn ôl Dafydd Rowlands, 'Digrifwr amryddawn, darlledwr cytbwys a graenus, ond yn fwy na dim, actor dawnus, felly y carai Ron feddwl amdano'i hun. Dwedodd unwaith fod Ryan yn gallu gwneud popeth, ond ei fod ef, Ronnie, yn well na Ryan am dri pheth: ping pong, biliards, ac actio. Roedd e'n hollol ddiffuant yn ei gred, a dwi'n siŵr ei fod yn iawn hefyd.'

Roedd y gwasanaeth syml dan ofal y Parchedig Elfed Lewis, y baledwr a'r canwr gwerin a'i ffrind o ddyddiau ysgol yng Nghefneithin. Mab Morlais Lewis y Mans, Heol yr Ysgol oedd Elfed, ac roedd Ronnie yn byw ym Mrynteg, ychydig yn uwch i fyny, heibio tŷ ei ewythr a'i fodryb Les a Leila, a heibio tŷ bachgen ifanc o'r enw Carwyn James oedd yn rhy wan i chwarae rygbi yn ôl ei fam ond y byddai'r bachgen eiddil, talentog hwnnw'n cuddio'i siorts a'i sgidie o dan y gwrych ar waelod yr ardd, er mwyn iddo fod yn barod am yr alwad gan ei ffrindiau, 'Carwyn, ti'n dod i whare?'

Flynyddoedd yn ddiweddarach, yn y cyfweliad teledu hwnnw

ar *Y Byd ar Bedwar*, byddai Ronnie'n sôn am ddau arall o feibion Cefneithin ac yn dweud, 'Mae Cymru'n gallu bod yn wlad fach greulon. O'n nhw'n greulon i Carwyn James, o nhw'n greulon i Barry John, ac o'n nhw'n greulon i fi.' Y gwir yw fod ffrindiau, teulu a chydweithwyr wedi ceisio bod yn gefn i Ronnie ar hyd ei oes, yn enwedig ar ôl i'w bartneriaeth gyda Ryan ddod i ben. Dim ond un person wrthododd roi cymorth i Ronnie, a Ronnie ei hun oedd hwnnw.

Prin fod y gynulleidfa'n disgwyl clywed y geiriau 'Blydi Nadolig' o enau T. James Jones pan gododd i dalu teyrnged i Ronnie. Y rhain oedd geiriau agoriadol ei ddrama, *Nadolig fel Hynny* a deithiodd Gymru yn 1986, gyda Ronnie'n chwarae rhan Emrys, y prif gymeriad. Ond yng nghyd-destun marwolaeth Ronnie, roedd y ddau air 'blydi Nadolig' yn fynegiant cryno o ymateb T. James Jones i'w hunanladdiad yn ystod tymor yr Ŵyl. 'Gwyddai Ronnie,' meddai, 'am y ffin denau rhwng dagrau a chwerthin, nid yn unig ar y sgrin ond mewn bywyd go iawn yn ogystal.'

Yn ystod y gwasanaeth, canwyd dau emyn: 'Mi glywaf dyner lais', ar y dôn 'Gwahoddiad', a'r emyn sy'n erfyn am 'anian bur, i eiddil gwan mewn anial dir'. Fe ddaeth y cyfarfod i ben yn sŵn un o ganeuon serch mwya poblogaidd yr iaith Gymraeg, 'Myfanwy', cân a fyddai'n atgoffa'r gynulleidfa o ddyddiau cynnar Ronnie gyda Ryan, a dehongliad teimladwy Ryan ohoni. Honno hefyd oedd y gân oedd yn cloi'r ffilm *Twin Town* gyda Ronnie, fel Mr Mort, yn ei ran olaf erioed, yn arwain Côr Meibion Pontarddulais ar y pier yn y Mwmbwls.

Caewyd y llenni ar olygfa olaf yr act olaf. Diflannodd yr arch yn araf o'r golwg ac ymlwybrodd y gynulleidfa allan o'r amlosgfa gydag Angharad, llysferch Ronnie, yn cynnal braich ei mam oherwydd effaith y *multiple sclerosis*. Angharad oedd yr un ofalodd am Ronnie yn y diwedd, gan geisio sicrhau ei fod yn bwydo'i gorff â rhywbeth amgenach na thabledi a photelaid o alcohol y dydd. Ond gwyddai yn ei chalon fod y frwydr i gadw Ronnie'n fyw yn un na allai ei hennill. Yn ei geiriau ei hun, 'Mae e wedi mynd lawr a lawr a lawr, a sai'n 'i weld e'n mynd 'nôl lan.'

*

I'r mwyafrif, *straight man* Ryan oedd Ronnie, a dim mwy. Fo oedd Wise, Ryan oedd Morecambe, a dyna ddiwedd y stori. Ond nid dyna'r gwir. Roedd Ronnie Williams yn gynhyrchydd, yn gyfarwyddwr, actor, dynwaredwr, sgriptiwr a chyflwynydd, yn Gymraeg a Saesneg, ar y radio a'r teledu, ac wedi cael blynyddoedd o brofiad fel perfformiwr proffesiynol cyn sefydlu'r ddeuawd gomedi gyda Ryan. Bu ei fywyd personol a phroffesiynol yn gymysgedd o gamp a rhemp drwy gydol ei oes, ac eto, ni ellir gwadu'r ffaith fod corff rhywun llawer mwy talentog ac amryddawn na'r canfyddiad ohono gan ei gydwladwyr, wedi cael ei losgi ar y diwrnod gaeafol hwnnw yn amlosgfa Arberth.

Ychydig wythnosau ar ôl ei angladd fe aeth Lyn, ei weddw, â gweddillion Ronnie yn ôl i'w ardal enedigol, yn ôl i ddechrau'r stori. Gwasgarwyd ei lwch ar wyneb Llyn Llech Owain.

Diolchiadau

Hoffwn ddiolch i'r llu cymwynaswyr a wnaeth y gyfrol hon yn bosib. Cynhwysir enwau llawer a siaradodd â mi am eu hadnabyddiaeth o Ryan a Ronnie yn nhestun y llyfr ac mae eu cyfraniad hwy'n amhrisiadwy. Yn arbennig hoffwn ddiolch i deuluoedd y ddau a rannodd brofiadau, cyfrinachau ac atgofion personol iawn ar brydiau; diolch yn enwedig i Irene ac Einir am gael benthyg lluniau personol i ddarlunio'r hanes.

Cafodd y cyhoeddwyr a minnau rwydd hynt i ddefnyddio unrhyw luniau o archif y BBC yng Nghaerdydd, a daw llawer o'r lluniau o Ryan a Ronnie gyda'i gilydd o'r ffynhonnell honno. Diolch i Edith o lyfrgell luniau'r BBC yn Llandaf am yr ymddiriedaeth a'r haelioni yn enw'r Gorfforaeth.

Diolch i gyfeillion yn y Llyfrgell Genedlaethol ac yn Llyfrgell Ganolog Caerdydd; dyma fy ail gartrefi yn ystod cyfnod ymchwilio ac ysgrifennu'r gyfrol. Daeth canolfan Chapter yn stydi gyfleus hefyd, a diolch amdani.

Diolch i'r Dr Meredydd Evans am gytuno i ysgrifennu rhagair i'r gyfrol, ac am fod yn ddigon hirben i arwyddo Ronnie a Ryan yn y lle cyntaf. Mae'r ddyled yn fawr iawn iddo ef, nid yn unig am ei waith ar gyfer y gyfrol hon ond am iddo osod seiliau cadarn i adloniant ysgafn ar y teledu 'nôl yng Nghymru'r chwedegau.

Diolch o waelod calon i Wasg Gomer ac yn arbennig i Elinor Wyn Reynolds yno am gadw'r ffydd ar gyfer yr ail gyfrol 'anodd' honno. Mae ei hamynedd a'i haelioni'n ddiwaelod.

Diolch i'm golygydd personol, a'm 'chwaer yn y ffydd', Bethan Mair, sy'n deall fy mrawddegau'n well nag yr ydw innau'n eu deall erbyn hyn. Hebddi hi mi fuaswn wedi suddo i sawl cors eiriol a gramadegol.

Yr olaf a fydd flaenaf medd yr adnod, felly dyma gloi gyda diolch o waelod calon i'm gwraig Anja. Mae hi'n ddigon o waith bod yn briod ag un dyn, ond bu'n rhaid iddi ddygymod â thri ohonom dros y ddwy flynedd ddiwethaf – Ryan, Ronnie a fi. Mae ei chariad, ei chysur, ei hir amynedd a'r gefnogaeth ddi-ildio a rydd i mi yn amhrisiadwy.

Un diolch bach olaf – i chi, y darllenydd. Oni bai eich bod chi'n prynu ac yn darllen, ofer fyddai'r cyfan. Gobeithio i chi fwynhau.

Hywel Gwynfryn
Hydref 2013